FAMÍLIA

conectada à mesa

Fé, amor e conexão em cada refeição

EDITORA
CHAVE MESTRA®

Ficha técnica

EDITORA
CHAVE MESTRA®

Av. Marcos Penteado de Ulhoa Rodrigues, 1119 – Tamboré, Alphaville – SP,
Ed. Office Shopping Tamboré – Andar 21 – Sala Chave Mestra
CEP: 06460-040
@editorachavemestra
editora@editorachavemestra.com.br
Acesse: www.editorachavemestra.com.br

Título original em português: Família conectada à mesa: fé, amor e conexão em cada refeição

Direção editorial: Raquel Medeiros
Coordenação editorial: Bartira Costa Neves
Assistência editorial: Eloiza Andrade e Larissa Robbi Ribeiro
Revisão: Tony R. de M. Rodrigues e Híllona Anjos
Projeto gráfico e diagramação: Liliana Medeiros Prates Maia
***Branding* de capa:** Izzo Medeiros e Liliana Medeiros Prates Maia

Dados Internacionais de Catalogação na Publicação (CIP)

Vale, Rogério. (Organizador)

V149 Família conectada à mesa: fé, amor e conexão em cada refeição / Rogério Vale (org.) – Barueri, SP: Chave Mestra Editora, 2024.
256 p.: 16 x 23 cm

ISBN 978-65-5496-066-3

1. Desenvolvimento pessoal. 2. Espiritualidade. 3. Vida cristã.
4. Inteligência emocional. 5. Inteligência espiritual. 6. Fé. I. Título.

CDD 158.1

FAMÍLIA

conectada à mesa

Fé, amor e conexão em cada refeição

EDITORA
CHAVE MESTRA®

PREFÁCIO

A mesa sempre foi mais do que um simples local para refeições. Ao longo da minha vida, ela representou um lugar de encontro, de conexão e de crescimento.

Há cerca de um ano, senti em meu coração o desejo de compartilhar histórias e experiências, não só minhas, mas de outras mulheres que, assim como eu, reconhecem o poder transformador da mesa. Foi assim que nasceu a inspiração deste livro *Família conectada à mesa*. Convidei trinta autoras, mulheres incríveis, guardiãs do lar, para se juntarem a mim nessa jornada. Cada uma com sua vivência, mas todas com algo em comum: a paixão por transformar a mesa de suas casas em um lugar de comunhão e de legado.

Esta obra é um convite a todos(as) os(as) leitores(as) para que voltem os olhos para a simplicidade e a profundidade que a mesa proporciona. Que cada refeição seja uma oportunidade de compartilhar mais do que o alimento físico, também de alimentar a alma e os relacionamentos.

A Editora Chave Mestra aceitou o desafio de coordenar este projeto e, agora, graças a essa parceria e ao empenho de cada uma de nós, esse sonho está se tornando realidade.

Ao conhecer as histórias de cada autora e ler as páginas deste livro, vi o amor e o cuidado de Deus com nossas famílias e quantos benefícios temos colhido pelo simples fato de dedicarmos tempo à mesa a nossos familiares.

Minha oração, querido(a) leitor(a), é que, ao mergulhar nesta leitura, você encontre mais do que relatos de refeições em família, encontre inspiração para transformar sua mesa em um espaço de conexão e de fortalecimento dos laços familiares. Que cada história aqui contada seja um incentivo para resgatar a prática de se sentar à mesa com seus entes queridos, não apenas para alimentar o corpo, mas também para nutrir a alma e deixar um legado de amor, generosidade e fé.

Que esta obra seja uma fonte de inspiração e uma ferramenta para a restauração do valor da mesa em muitas famílias, assim como foi na minha.

Com amor e gratidão,

Giselda Sathler

Mãe, esposa, guardiã do lar, empreendedora, pedagoga

CEO Escola da Mulher Virtuosa

@giseldasathler

SUM

ÁRIO

ANTÔNIA DE MIRANDA

Sou Antônia, natural de Crateus/CE, resido em Londres/Inglaterra há quinze anos com minha família: meu esposo José Luis, com quem estou casada há treze anos, e meus filhos Pabla, Giovanna, Lellis Henrique, Maria Luiza e minhas duas netas, Amélie e Antonella.

Sou serva do Deus altíssimo, meu lindo Jesus, e faço parte da Igreja Lagoinha London, com o pastor João Osmar e sua esposa, pastora Lylian, e foi ali onde concluí Teologia no Carisma.

Na minha caminhada tive grandes desafios, mas pela graça do Senhor tenho conseguido e continuo os superando, pois o começo pode até ser difícil, mas o resultado é compensador e triunfante.

Meu maior desafio foi viver longe dos meus filhos por três anos, mas o Senhor em todo tempo é bom e nos garante a vitória.

rejane_antoniad

antoniarejanedejesus@hotmail.com

FAMÍLIA

conectada à mesa

1 A MESA DE NATAL

Por Antônia de Miranda

O despertar da mesa começou logo cedo na minha vida; ainda tenho nas minhas memórias de criança a mesa com minha família. Minha mãe era uma mulher muito especial, apesar de trabalhar muito ainda fazia questão de sentar-se à mesa com sua família. Ela era uma cozinheira de mão cheia, era proprietária de um restaurante e fazia questão de cozinhar não só para o restaurante, mas para sua família também, principalmente no domingo, que era o dia especial para nós. Depois da volta da missa ou sessão de cinema do domingo, sentávamos todos à mesa, e ela fazia questão de que não só os membros da família, mas os amigos, empregados e todos que estivessem conosco em casa sentassem à mesa nas refeições.

Com isso, cresci com essa lembrança, mas por alguns motivos não vivi isso por alguns anos da minha vida. Minha mãe faleceu quando eu tinha apenas 10 anos, então reunir-me à mesa com a família, como ela fazia antes, demorou bastante tempo para ocorrer novamente.

Mas certa vez, depois de muitos anos após me converter, um dia, no culto na igreja que congregava antes de vir para Londres, aconteceu algo que me despertou para voltar à mesa.

Foi quando, no meio do culto, o pastor disse: "Hoje é um dia muito especial, é noite de Natal, quando todas as famílias se reúnem para comemorar o nascimento do nosso Salvador, então se juntem com seus familiares e façam a ceia na mesa em suas casas". Era costume de, em todos os Natais, recebermos um panetone do nosso pastor José Pires, cada família ganhava um. Eu amava isso e meus filhos também, pois raramente podíamos comprar um panetone no Natal. Nesse dia, porém, não me lembro bem, mas acredito que era meu primeiro Natal na igreja, fiquei muito triste, pois, ao pensar que já tinha vivido a experiência da mesa antes na minha infância, na minha vida adulta com meus filhos, parecia não ter importância para mim, mas tinha, e como tinha.

Então, fui despertada a voltar à mesa naquele dia. Com certeza, não foi difícil para eu fazer isso, mas algo me deixava triste, pois eu não tinha condições financeiras para preparar uma ceia de Natal para meus filhos como gostaria, ou como minha mãe fazia. Até que, certo dia, depois de alguns anos na Inglaterra e de ter a felicidade de ter minha família reunida outra vez, comecei a fazer a ceia de Natal dos meus sonhos. Então, desde o primeiro Natal depois de nos reunirmos de novo até hoje, a mesa de Natal tornou-se uma tradição para nossa família.

"Agora sim", eu disse a mim mesma, "minha família e eu vamos ter as mais belas mesas de Natal e o melhor banquete". Para a glória de Deus.

Pois, como Maria em Lucas (1:46-53) cantou, eu também cantei:

> Minha alma engrandece ao Senhor, e o meu espírito se alegra em Deus, meu Salvador pois atentou para a humildade da sua serva. De agora em diante, todas as gerações me chamarão bem-aventurada pois o poderoso fez grandes coisas em meu favor, Santo é o seu nome. A sua misericórdia estende-se aos que o temem de geração em geração.

Ele realizou poderosos feitos com seu braço forte. Encheu de coisas boas os famintos. E, como diz ainda sua Palavra (Lucas 1:37), "Pois para Deus nada é impossível".

Mas é muito importante saber que não só nos Natais das nossas vidas montamos a mesa, mas sim todas as vezes que nos reunimos, pois a Palavra de Deus nos diz que todas as vezes que nos reunirmos à mesa é um ato de trazer à memória tudo que Ele, Jesus Cristo, é e fez por nós, pois Ele é o Pão da presença, sem Ele na mesa não há beleza, não há alegria, não existe amor, não haverá comunhão e como sempre digo: "A glória da mesa não é a beleza dela, mas sim a presença d'Ele, Jesus Cristo." É o único que nos dá, por meio da sua presença, tudo aquilo de que precisamos.

Então, todos os anos, assim que entra o mês de novembro, já começamos a planejar nossa mesa e ela fica sempre radiante, é raro repetirmos a decoração. Dos ornamentos aos pratos e talheres, sempre há coisas novas, e todos cooperam com os preparativos quando se aproxima o dia de Natal. Nossa casa fica cheia, nossos filhos sempre trazem amigos para comemorar conosco, que também é outra coisa que sempre acontece, nosso Natal sempre tem alguém novo, ou uma família nova. É incrível como as coisas acontecem, sempre vejo o trabalho de Deus e o compromisso dEle com os seus.

Antes, eu não tinha praticamente condição financeira nenhuma para fazer uma ceia apenas para o meus em minha casa, hoje tenho para fazer para os meus e para aqueles que estiverem conosco. E assim será sempre, e como as misericórdias do Senhor que nos renovam a cada dia, assim também é todas as vezes que sentamos à mesa: algo nos renova. Sinto-me como quando participo da ceia do Senhor na igreja.

Não sei você, mas na minha casa reunir a família e sentar à mesa é uma alegria muito grande, é como fazer uma festa. Alegramo-nos, divertimo-nos, contamos histórias e, às vezes, até nos reconciliamos, sim, nos reconciliamos, pois, não sei você que está lendo este livro, mas assim somos nós. E a Bíblia nos relata que assim Jesus fazia também com seus discípulos. Ele se reunia à mesa com eles para se relacionarem, ter comunhão, enfim, é isso.

E é por isso que a mesa é importante para nós, tudo o que você fizer à mesa é importante com sua família, um amigo ou até mesmo alguém com que queira se relacionar. Traga primeiro à mesa, na mesa nos descontraímos, nos desarmamos e ficamos leves. Com certeza, ainda vamos descobrir muitos mistérios na mesa, pode ter certeza disso. Não hesite em começar a fazer e ter o costume da preparação da mesa em sua casa.

Comece hoje mesmo e veja o que acontecerá, se você já faz, continue, pois com certeza você, como eu, já viveu e vive experiências maravilhosas à mesa. Nunca se esqueça: é nela que tudo começou e continuará.

Não sei se você já percebeu: uma casa que não tem uma mesa parece estranha, não é? E, se repararmos bem, assim é nossa vida sem Deus. Você já parou para imaginar uma criatura sem o seu criador? Como pode ser? Assim é nossa casa, nosso lar, sem mesa não faz sentido. Sentar-se no sofá ou em qualquer outro lugar para comer não é a mesma coisa que se sentar à mesa, não é mesmo?

Uma pesquisa no Google feita pelo Sulmed em 29 de novembro de 2022 sobre sentar-se à mesa diz o seguinte:

> Existem dois motivos principais que fazem com que o hábito de alimentar-se à mesa não seja recorrente entre as famílias: o primeiro é a correria diária. O tempo é escasso, a rotina é árdua e muitas vezes os horários não batem. O segundo é pelo simples costume de assistir televisão, sentar-se no sofá, na cama ou em frente ao computador enquanto come.
>
> Em cada um dos casos, há formas de adequar o cotidiano e passar a desfrutar de um tempo de qualidade na hora da alimentação. Entre as dezenas de vantagens, o desenvolvimento infantil, o bem-estar, o entrosamento familiar e o convívio social estão no topo da lista. Além disso, uma pesquisa realizada pela Universidade de Harvard apontou que crianças e jovens que comem à mesa com a família correm menos risco de desenvolver distúrbios alimentares e depressão.
>
> **1.** Desenvolvimento psicossocial infantil
>
> Além do estudo já citado, diversos outros pesquisadores já comprovaram que trazer os filhos para comer em família diminui o risco de uma série de transtornos, entre eles o vício do álcool e outras drogas, pensamentos suicidas, comportamentos violentos, entre outros.
>
> No âmbito comportamental, o ato também auxilia no aumento do vocabulário, melhora o relacionamento social, serve como complemento para a terapia familiar e promove o diálogo para que os pequenos se sintam mais abertos a conversarem com os pais e expressarem sentimentos e problemas que merecem atenção.
>
> **2.** Incentivo à alimentação saudável
>
> Dados alarmantes da Organização Mundial da Saúde (OMS) sugerem que cerca de 4,7% dos brasileiros convivem com algum tipo de distúrbio alimentar. Entre os jovens, esse percentual chega a 10%.
>
> Uma alimentação caseira, com comida verdadeira e nutritiva, regada de bons momentos é uma receita essencial para prevenir e tratar possíveis transtornos relacionados ao ato de comer. Assim, é possível evitar comidas pouco saudáveis, como fast foods ou ultraprocessados de preparação rápida.
>
> **3.** O cozinheiro não fica só
>
> Cozinhar é um hábito histórico, estritamente ligado à tradição cultural e familiar. Para o(s) cozinheiro(s) da casa, é importante que essa refeição seja

apreciada e degustada como merece. Afinal, não há cuidado e carinho maior do que dedicar o próprio tempo para alimentar quem se ama.

Quando se cozinha apenas para matar a fome, essa herança é perdida e ocorre um isolamento do cozinheiro, que acaba por não ter seu trabalho respeitado e admirado como se deve. Imagine-se neste lugar: você gostaria de ver a família toda ao redor da mesa saboreando o alimento ao qual você dedicou o seu tempo, certo?

4. Memórias afetivas são fixadas

Ao rememorar a infância, é provável que todos lembrem de momentos de união, boa comida e histórias para contar. Mesmo em um dia comum, são construídas lembranças que ficam gravadas para sempre na memória de todos os envolvidos.

Lembrar da comida da avó, passar de geração para geração aquela receita de família, rememorar algo ou alguém a partir do gosto de algum ingrediente. Todos esses são exemplos claros e recorrentes da importância que bons momentos à mesa podem proporcionar.

E, por falar em memórias, o nosso Criador também diz em sua Palavra que devemos trazer à memória apenas aquilo que nos traz esperança. É interessante como tem tudo a ver.

Uma coisa sempre liga à outra e, no final, tudo se conecta, não é mesmo? Então, seja feliz praticando aquilo que desde o princípio de tudo nos foi ensinado e que nunca devemos esquecer: é a mesa um princípio do qual jamais podemos esquecer.

Beijo grande a todos que lerem este livro. Espero que ele traga a cada um que o ler não só aprendizado, mas, acima de tudo, o valor da mesa, o valor de estar à mesa com quem amamos.

Referência bibliográfica

5 MOTIVOS para sentar-se à mesa durante as refeições. **Sulmed**, [*s.l.*], 29 nov. 2022. Disponível em: https://sulmed.com.br/5-motivos-para-sentar-se-a-mesa-durante-as-refeicoes/. Acesso em: 16 out. 2024.

"A glória da mesa não é a beleza dela, mas sim a presença dEle, Jesus Cristo, nosso Salvador!"

Antônia de Miranda

CARLA AMORIM

Sou Carla Amorim, cristã, tenho 49 anos e sou natural de Oeiras, em Lisboa/Portugal, mas criada no Brasil. Há cinco anos, resido em Portugal, ao lado do meu esposo Severino Amorim. Sou mãe da Kimberly Policeno e avó da Agatha, filha de Rui Manuel e Maria da Luz e irmã de Ana Caroline e Luís Filipe.
Em 2022, em nossa viagem de férias ao Brasil, recebi uma profecia e de lá para cá venho numa trajetória de desenvolvimento espiritual, pessoal e profissional, um processo de evolução em todas as áreas da minha vida, para me tornar a mulher que Deus me criou para ser.
Dedico horas a estudos e práticas para cumprir o propósito de ajudar outras mulheres a alcançarem a sua autocura e a exercerem o importante papel que têm dentro da família.

carlaamorim.oficial
+351 932 670 938

FAMÍLIA
conectada à mesa

2 Jesus, o pão da presença – entenda o significado

Por Carla Amorim

Quando fui convidada pela Giselda Sathler para ser coautora deste livro, juntamente com outras 30 mulheres, a escrever um capítulo, com o tema *Família conectada à mesa*, confesso que fiquei desesperada. Fui tomada por um mix de sentimentos e os principais foram: medo e incapacidade. Tentei colocar vários empecilhos na minha cabeça de que seria impossível escrever esse livro em tão pouco tempo, e ainda mais com esse tema.

Foi então que resolvi falar com meu esposo e, quando expus a ele todos os meus medos e inseguranças, ele simplesmente rebateu todos com respostas muito convincentes. Não satisfeita, fui pedir, em oração, a opinião dAquele que rege meus dias.

Como disse no início deste capítulo, recebi uma profecia, em 2022, que naquela altura não fez o menor sentido para mim. Depois de algum tempo descobri que essa profecia, que eu chamo de propósito, está alinhada àquilo que tenho de maior habilidade e dom: ajudar mulheres, aconselhar, apoiar e levar luz. O dom eu já tenho, mas como transformar esse dom em um propósito de vida? Para uma profecia se tornar realidade, temos que passar por um processo: precisamos nos capacitar, desenvolver habilidades e competências, porque Deus revela a profecia, mas não revela o processo.

Peguemos como exemplo a história de José do Egito, na Bíblia. Deus falava com José por meio dos sonhos, fazia revelações fragmentadas do que estava reservado para ele no futuro. Mas, o que ele não imaginava era tudo que iria acontecer, durante todo o processo até chegar a governador do Egito (Gênesis 37-50).

Agora, reflita comigo: se José soubesse de tudo que ele iria enfrentar para um dia alcançar a profecia, será que ele teria encarado o desafio? Assim é nos dias atuais, Deus revela a profecia, mas não revela o processo. E sabe por quê? Porque Ele quer ver até onde vai a nossa fé. Em Tiago 2:26 diz: "A fé sem obras é morta".

Se eu tenho fé na profecia que Ele tem para a minha vida, tenho de acreditar, confiar, aceitar e enfrentar os desafios que surgem, mesmo sem entender. Essa foi a resposta que Ele me deu acerca do convite para participar deste livro. E, diante de tantos "sim(s)", não pude recusar o convite e aqui estou eu.

Confesso que escrever sobre esse tema não é uma tarefa fácil para mim. Durante boa parte da minha vida adulta, eu perdi o hábito de sentar à mesa para fazer as refeições. Lembro-me que esse hábito era muito presente na minha infância. Na casa dos meus pais, todas as refeições eram feitas à mesa, mas me lembro também que era à mesa que as discussões entre eles começavam e presenciei muitas brigas.

Eu não nasci num lar cristão, com valores pautados na palavra de Deus. Meus pais separaram-se quando eu tinha 12 anos, tive que optar por morar com a minha mãe e ela era uma mulher muito ocupada, sempre trabalhou fora e como não havia sido feliz no casamento, resolveu que era o momento de viver tudo aquilo que não viveu nos anos de casada e, assim, dificilmente fazíamos as refeições juntas. Sempre que eu ia fazer minhas refeições, fazia sozinha.

Fui para a fase adulta, engravidei aos 20 anos de um rapaz que mal conhecia, contudo, ao entrar para aquela família, foi que eu comecei a conhecer a Deus: "Para tudo há uma ocasião certa; há um tempo certo para cada propósito debaixo do céu" (Eclesiastes 3:1). A partir dali, passei a frequentar a igreja e a conhecer um pouco mais de Deus, mas sem ter muita intimidade. Nossas refeições eram todas feitas à mesa, mas sem o verdadeiro significado. Entretanto, por ter me casado muito jovem, por ter vindo de um lar disfuncional e por não ter intimidade com Deus, acabei por repetir os mesmos passos da minha mãe: não fazia as refeições à mesa com a minha filha, estava sempre muito ocupada e "recuperando o tempo perdido".

Durante os anos seguintes, minha filha casou-se e fiquei sozinha, literalmente. Foram raras as vezes em que eu ia à igreja, minhas refeições eu fazia sozinha e tive o desprazer de conhecer a completa solidão: estava sem marido, sem minha filha e fiz as piores escolhas para a minha vida, até chegar ao ponto de não ver mais sentido e pensar em tirá-la.

Tem uma frase que sempre ouvi muito: "Existem duas formas de você se achegar a Deus, pelo amor ou pela dor", no meu caso, foi pela dor. Quando não enxerguei mais saída e pensei em desistir de tudo, decidi pela última vez buscar a Deus. Esse meu primeiro encontro e conserto com Deus se deu no ano de 2018. Ele me salvou! E de lá para cá muita coisa boa tem acontecido na minha vida, Deus tem me permitido realizar os meus sonhos, tem cuidado de mim e de tudo que leva o meu nome.

Em 2019, eu já estava casada e vivendo com meu esposo em Portugal (sonhos de infância). E nessa trajetória, dia após dia, Deus vem me moldando conforme a vontade dEle.

Quando um coração se converte de verdade, naturalmente vamos buscando conhecer mais a Deus e a obedecê-lo. Vamos nos interessando por ouvir mais a sua voz e os seus conselhos, porque como diz na Bíblia, em Romanos 12:2 "[...] A vontade de Deus é boa, perfeita e agradável". E nessa minha busca por me aperfeiçoar como mulher e me tornar agradável aos olhos de Deus foi que, em novembro de 2023, conheci a Giselda Sathler, mentora de Mulheres Virtuosas e da Experiência do Lar. Entrei na sua mentoria e conheci o livro *Experiência do Lar – Como tornar sua casa um lugar de amor e paz*, da Devi Titus e Trina Titus Lozano, o qual eu recomendo vivamente para você, mulher, que quer se tornar uma mulher agradável aos olhos de Deus.

A partir daí, comecei a aprender tudo sobre família, o verdadeiro papel das mulheres dentro dos lares: de que devemos ser guardiãs dos nossos lares e sobre os princípios básicos para "transformar o lar num lugar de amor e paz". Foi por meio desse livro que conheci o Princípio da Mesa e confesso que fiquei estarrecida com tantas descobertas importantes e que o mundo deveria saber e ter acesso. Aprendi que "a mesa nada mais é do que um lugar criado por Deus para proporcionar redenção e conexão entre pessoas".

Isso no começo pode soar estranho para você, leitora que, assim como eu, não veio de um lar cristão, não recebeu ensinamentos bíblicos desde a infância, não teve os melhores exemplos dentro de casa, que veio de um lar disfuncional. Eu entendo perfeitamente você e, por isso, eu afirmo: "Nunca é tarde demais para reconstruir a sua família".

Assim como eu vivenciei em casa, após meus pais se separarem e, depois, quando eu também me separei do pai da minha filha, ainda nos dias atuais, a maioria das famílias não faz as refeições juntas, à mesa. Muitas famílias recorrem aos *fast-foods* ou mesmo quando conseguem sentar à mesa para comer, todos estão com seus celulares nas mãos assistindo a algo mais interessante, ou seja, não há mais conexão entre os familiares à mesa. Parece um detalhe muito pequeno e talvez você esteja se perguntando: o que isso tem a ver com lares disfuncionais e sociedades doentes?

E eu lhe respondo: "O lar é onde o coração se forma". E se você não tem tempo de qualidade com os seus filhos e marido/esposa para conversar sobre como foi o dia, por exemplo, se não se interessam verdadeiramente pela vida uns dos outros, pouco a pouco estarão minando a família. Inclusive há diversos estudos que comprovam que "as famílias que dedicam tempo para comer juntas à mesa de jantar se saem melhor em todas as áreas: corpo, mente, alma e espírito".

E, se você duvida do poder da mesa, pesquise em sua Bíblia quantas vezes a palavra "mesa" aparece e irá descobrir quantos acontecimentos, ensinos e milagres significativos ocorreram enquanto as pessoas comiam juntas.

O lar não é uma mera estrutura física onde vive uma família. Não é apenas seu endereço postal. Deus planejou o lar para ser parte central de nossa vida. Ele deve ser um lugar acolhedor, onde os membros da família constroem relacionamentos saudáveis uns com os outros, aprendem, riem e crescem juntos, desenvolvendo um senso de identidade e comunidade que forma a sociedade. Seja numa cabana ou mansão, uma morada de qualquer tipo se transforma em lar quando as pessoas passam tempo juntas.

O momento à mesa não deve servir apenas para fazer a refeição juntos, mas também um momento propício para gerar conexão entre os familiares, principalmente, entre pais e filhos. Mas, há outro ponto, ainda mais importante e que eu sugiro que passe a fazê-lo: é convidar Jesus para fazer parte das suas refeições, por meio de uma oração breve, sincera e de agradecimento pelo sacrifício feito por Ele na cruz pelo perdão dos nossos pecados. Faça esse convite, convidando-o para estar ali com vocês, dentro da sua casa e sentado à sua mesa. Adquirindo esse hábito vocês estarão atraindo a paz e a união para dentro dos seus lares, mas o contrário também é verdadeiro. Se dentro de casa vocês estão completamente desconectados, estarão abrindo brechas para que o inimigo entre em suas casas, trazendo a discórdia e a desunião.

Na Bíblia, Jesus é conhecido como o Pão da presença e devemos criar o hábito de convidá-lo para estar ali conosco. Em Apocalipse 3:20, Ele diz: "Eis que estou à porta e bato".

Desde que aprendi esses ensinamentos valiosos e os tenho colocado em prática, coisas extraordinárias vêm acontecendo em nossas vidas: a conversão do coração do meu esposo, o lar de paz, o amor entre nós que aumenta a cada dia, a prosperidade, o transbordo na vida de outras pessoas, entre tantas outras coisas extraordinárias que dinheiro nenhum compra.

Portanto, o convite que quero deixar a vocês é: façam mais refeições reunidos à mesa, usem os seus melhores utensílios, tornem a sua mesa atrativa e convidativa, sem o uso de celulares, conversem mais entre si, façam desse momento um momento de conexão entre vocês, experimentem convidar Jesus para fazer parte das suas refeições e comecem a testemunhar os milagres que irão acontecer.

Referências bibliográficas

TITUS, Devi; LOZANO, Trina Titus. **Experiência do lar**: como tornar sua casa um lugar de amor e paz. Trad. Susana Klassen. Belo Horizonte: Thomas Nelson Brasil, 2019.

TITUS, Devi; LOZANO, Trina Titus. **Experiência da mesa:** o segredo para criar relacionamentos profundos. São Paulo: Mundo Cristão, 2019.

"Não se iluda! Somos pequenos
e incompetentes demais para
acreditar que temos a capacidade
de conduzir as nossas vidas
sozinhos e sem Deus!"

Carla Amorim

CARLA PAFIADACHE THOMÉ

Carla Pafiadache Thomé, casada com Carlos Alberto Thomé há 36 anos, mãe de três filhos: Gabriela, Carlos Alberto e Daniela, avó do Augusto Cezar, serva do Senhor Jesus, filha de Elias Pafiadache (*in memoriam*) e Iolanda Narvaz Pafiadache.
Formada em fonoaudiologia pela Universidade Federal de Santa Maria, é especialista em Audiologia Clínica.
Atua como líder do Ministério da Ação Social da IBTM, em Três de Maio/RS, onde reside. Mentora da Experiência do lar, aluna da Escola da Mulher Virtuosa.

carlapthomé
carlapthome@gmail.com

FAMÍLIA
conectada à mesa

3 A mesa e o propósito

Por Carla Pafiadache Thomé

Filha de um dedicado militar, homem forte e comprometido com Deus, com a família e seu trabalho. As lembranças da minha infância trazem a memória das diversas casas em vila militar onde vivi por ocasião das transferências da família.

A cada recomeço, eu e meus irmãos éramos desafiados a enfrentar adaptações e expectativas novas. Porém, algo se repetia toda vez que eu e meus irmãos ouvíamos de nossos pais ao conhecer a nova moradia: "A partir de agora, este é o nosso novo lar!", e com isso passavam a segurança de que o novo lar se abria e se tornava mais uma vez o nosso lugar seguro de habitação. Hoje, vejo como é importante esse ensino, pois não importa o quão itinerante possa ser o lugar onde moramos. O que importa é o valor de estabelecer em nosso lar um lugar de convivência, fortalecimento de laços e afetos que nos unem em segurança e referência.

O final de tarde em nossa casa era esperado com alegria, pois ao passar o dia no trabalho, somente à noite a família se reunia em torno da mesa com o nosso pai para o jantar. Ali reunidos, como família cristã, agradecíamos o alimento, partilhávamos as vivências do nosso dia e ouvíamos boas histórias (como as lembranças dos parentes distantes). Era assim que fortalecíamos os vínculos de família.

Esses tempos de mesa na casa dos meus pais são registros fortes, significativos e relevantes para a criança que viveu em mim até então. Meu olhar nostálgico para esses tempos, por um lado, faz-me sentir gratidão a Deus por ter sido instruída a viver valores sólidos de família, quanto à solidariedade, responsabilidade, comunhão e humildade, que são virtudes bem definidas na educação priorizada pelos meus pais.

Por outro lado, há algo que faz parte do ônus daqueles que acompanham a carreira de pais militares e que necessitam mudar de cidade ao longo da vida. Cito o fato de saber que invariavelmente com o tempo, as amizades intensas se perdem por diversos fatores, que impedem de manter as amizades de infância em sua vida. Talvez seja esse o motivo de manter as minhas memórias sempre ligadas aos meus irmãos e talvez por isso, até hoje, mantenho forte vínculo de amor e amizade com eles.

Conheci meu esposo na adolescência. Nós nos casamos jovens, com o sonho de construir uma família. Fomos morar numa cidade pequena, no interior do Rio Grande do Sul. Pela bondade de Deus, nasceu nossa primeira filha, Gabriela, em seguida o Carlos Alberto e a Daniela. Filhos preciosos, herança do Senhor, cresceram unidos e cheios de vigor, compartilhando belas histórias e aventuras, que ultrapassaram os limites do nosso lar, e assim foram chegando os amigos de escola, os vizinhos e os amigos dos amigos. Vimos então a nossa casa ser local de "junção" para aqueles pequenos e assíduos visitantes.

Nesse tempo, como em todo lar frequentado por crianças, o local da mesa era preparado com todo carinho e cuidado, com bolo de cenoura, salada de frutas, sanduíches, sucos, crepes e rosquinhas frescas feitas pela tia Heidi. Sempre incentivamos nossos filhos ao exercício da hospitalidade e este foi sem dúvida um princípio vivido espontaneamente em nosso lar. Hoje, isso me faz refletir sobre o quão necessário é ensinar este valor bíblico aos filhos, como uma forma de revelar o amor ao próximo, estimulando a comunhão e levando a adotar este valor como um estilo de vida. Penso assim, ao constatar que nos dias de hoje, o egocentrismo e individualismo tem sido comportamento predominante em nossa sociedade.

O ensino da hospitalidade também é importante para o desenvolvimento das habilidades emocionais e sociais das crianças, inclusive contribuindo para o espírito de cooperação e generosidade entre elas. Esse ensino é uma ação pedagógica, mas sobretudo uma virtude bíblica.

Desde muito cedo, entendemos que ao oportunizar momentos de convívio em família e com amigos, estaríamos fortalecendo os vínculos de amor e amizade em nosso lar.

Vimos também que esse ambiente é propício para desenvolver o sentimento de pertencimento, senso de identidade e virtudes para a prática do bem. Com isso, tivemos a ideia de construir uma casa para uso nos finais de semana e feriados, na beira do rio Uruguai, fronteira com a Argentina. Nessa casa, a história da nossa família e infância dos nossos filhos estão fortemente ligadas às memórias construídas e eternizadas junto a familiares, amigos e amigos dos amigos. Foram diversas brincadeiras compartilhadas, e hoje em muitos momentos eles relembram o que viveram com alegria, como o banho de rio, a pesca de lambari, o banho de chuva, a guerra de bexiguinha e muitos tombos no famoso futebol de sabão. Entretanto, o ponto alto e a hora mais esperada por todos era sem dúvida o momento da mesa, lá servíamos deliciosos lanches, preparados com carinho para alimentar e gerar memórias afetivas que até hoje são lembradas quando se encontram e compartilham lindas vivências dessa época.

Na volta para casa, o clima era de alegria e revelava para nós o benefício de investirmos esse tempo de qualidade na vida dos filhos. Havia neles expectativas para o próximo encontro à beira do rio. Ainda hoje a casa do rio acompanha as estações da história da nossa família e tudo isso fortemente vinculado aos momentos que temos ao redor da mesa. Lá planejamos projetos futuros, celebramos vitórias e expressamos a nossa gratidão a Deus, reconhecendo que não somos uma família perfeita mas que, apesar das lutas e dificuldades, perseveramos com fé na busca da presença reveladora de Deus na nossa vida.

Tenho desenvolvido uma vida espiritual ao longo dos anos. Sinto a necessidade de ter um relacionamento profundo e íntimo com nosso Senhor Jesus. Creio nas Escrituras e mantenho um propósito de buscá-lo diariamente, a fim de guiar os meus passos e aumentar a minha fé, porém, nem sempre foi assim. Por muitos anos fui apenas cristã religiosa. Não reconhecia os sinais da sua evidência em minha vida, passei por um processo de conversão e tive um encontro real e verdadeiro com o Senhor, quando enfim tudo mudou.

Fui movida por um propósito de alargar os limites da minha casa e responder ao chamado de servir e ser comissionada para anunciar o amor de Deus, desse modo, os pequenos detalhes passaram a fazer muito sentido e revelaram a beleza e o cuidado de Deus com a minha vida e de minha família. Foram anos de busca em Deus até o dia em que recebi um convite divisor de águas. Cultivo uma paixão por organização de mesa e reconheço seu valor para cultivar bons momentos em nossos relacionamentos. Tudo isso me incentivou a fazer a inscrição em um evento *online*: a II Conferência Experiência do Lar: seja uma mentora, em julho de 2023, organizada pela mentora Giselda Sathler e sua equipe. Quanto aprendizado!

Fui impactada pelas diversas ministrações, nas quais identifiquei mulheres extraordinárias que falavam do legado deixado por Devi Titus e que influenciou positivamente meu olhar para o meu lar, para minha vida e para o meu chamado como discípula de Cristo.

Entendi que fazer parte de um exército de mulheres dispostas a contribuirem para a revolução dos lares, levantando outras mulheres e famílias para assim restaurar a dignidade e a santidade de seus lares, era um propósito decisivo revelado por Deus através dos 15 princípios bíblicos dessa mentoria. Foi um desvendar inédito que atingiu meu coração e me mostrou com clareza um novo propósito da minha missão. Acendeu em mim um desejo enorme de anunciar Jesus ao maior número de mulheres por meio da experiência do lar, para cumprir diligentemente o ensino da Palavra de Deus, conforme texto do livro de Tito 2:3-5, que diz:

> "Semelhantemente, ensine as mulheres mais velhas a serem reverentes na sua maneira de viver, a não serem caluniadoras nem escravizadas a muito vinho, mas a serem capazes de ensinar o que é bom. Assim, poderão orientar as mulheres mais jovens a amarem seus maridos e seus filhos, a serem prudentes e puras, a estarem ocupadas em casa, e a serem bondosas e sujeitas a seus próprios maridos, a fim de que a palavra de Deus não seja difamada."

A mentoria da Experiência do Lar, com seu conteúdo revelando a Palavra de Deus, abriu-me o entendimento daquilo que já conhecia e ressignificou o que já havia experenciado diante da mesa. Deus deu ordem a Moisés para construir a mesa, a mais de três mil e quatrocentos anos (Ex 25:30), havia uma intenção divina específica e que perdura até os dias atuais, pois Deus quer se revelar por meio da Sua presença e a mesa é um lugar escolhido para desfrutarmos desse deleite.

As "fichas caem" quando penso na mesa da minha infância com meus pais; nas mesas que servi com amor a minha família; nas mesas que recebi nossos amigos ao desenvolver a hospitalidade. Atualmente, a mesa da minha casa está ampliada com a chegada de genros, nora e meu amado neto. Ela é lugar de encontros intencionais, com propósito de fortalecer relacionamentos e criar conexões, mas sobretudo é lugar da presença dAquele que sempre esteve ali e ocupa lugar de honra ao ser reconhecido como o nosso verdadeiro e único Deus, pois a Ele são dirigidos todo louvor e toda glória.

É preciso alargar a tenda das nossas casas anunciando a mensagem da esperança que é Jesus, levando as pessoas a desfrutarem suas vidas em lares cheios de amor e paz.

Existe sabedoria quando olhamos para nossa vida e reconhecemos o amor de Deus por nós. Portanto, crer nos seus planos perfeitos faz valer a pena cultivar uma vida com propósito. Sendo assim, quero continuar gastando meus dias cumprindo o chamado: "Ide, portanto, e fazei discípulos de todas as nações" (Mt 28:19).

O Rio Grande do Sul é o meu estado e vem enfrentando muitas dificuldades na área espiritual, social e econômica, agravadas por recentes eventos climáticos sem precedentes. A expansão da Experiência do Lar tem muito a contribuir nesse momento e o meu propósito por meio dessa mentoria é impactar famílias para viverem os princípios bíblicos que restauram a dignidade e santidade do lar, levando a esperança por meio do amor de Jesus.

“Descobri o meu propósito ao reconhecer a presença de Deus nas memórias afetivas compartilhadas à mesa: Ele sempre estava lá!”

Carla Pafiadache Thomé

CLAUDIA DA SILVA

A minha jornada na etiqueta e na arte da mesa posta é uma bênção que já dura doze anos. Tudo começou na igreja, onde Deus me revelou que cuidar dos detalhes dos eventos era uma forma de promover união e comunhão entre irmãos. Ali, entendi que a mesa posta poderia refletir o amor divino, criando harmonia e acolhimento.

Em 2016, dei um importante passo na minha missão, formando-me na Escola Britânica de Etiqueta no Brasil. Hoje, meu amor pela etiqueta tradicional transformou-se em um ministério, onde ensino a beleza e o significado espiritual de uma mesa bem composta, refletindo a graça e a ordem de Deus. Sou mãe de três filhos abençoados, esposa amorosa e dedicada, seguidora fiel do Senhor. Celebrar cada momento com a família é glorificar a Deus e viver plenamente sua vontade.

claudia.mesaposta
mesapostacbs
ClaudiaDaSilva
mesapostacbs.com

FAMÍLIA
conectada à mesa

4 A IMPORTÂNCIA DA MESA

Por Claudia da Silva

A mesa de jantar é mais do que um simples lugar para refeições; é um espaço sagrado de conexão, vulnerabilidade e bênção. Na correria do dia a dia, muitas vezes subestimamos o poder que reside em nos reunirmos à mesa com nossos entes queridos. No entanto, quando nos sentamos juntos para partilhar uma refeição, a nossa alma é muitas vezes revigorada de maneiras que vão além da satisfação física. Esse momento de partilha gera uma profunda conexão humana e espiritual, como se estivéssemos renovando os laços que nos unem e recarregando as nossas energias emocionais e espirituais.

Na Bíblia, a mesa sempre teve uma importância singular. Jesus, em muitas ocasiões, encontrava-se à mesa com os Seus discípulos, amigos e até com os marginalizados da sociedade. Muitos dos Seus ensinamentos mais profundos e revelações ocorreram em torno de uma refeição. A importância da mesa na vida espiritual está presente tanto no Antigo quanto no Novo Testamento. No centro da vida espiritual do povo de Deus, encontramos duas mesas fundamentais: a mesa da Páscoa, que celebra a libertação do povo de Israel, e a mesa da Comunhão, que representa o sacrifício de Cristo.

O estudioso N.T. Wright observou a importância simbólica e prática da mesa quando escreveu que a Ceia do Senhor não é apenas um rito simbólico; é um momento sagrado de encontro espiritual. Quando partilhamos do pão e do vinho, somos lembrados da presença viva de Jesus entre nós e do Seu sacrifício por nós.

A mesa de jantar, assim, torna-se um lugar onde a presença de Deus pode ser sentida de forma tangível. É um espaço onde somos chamados a sermos vulneráveis, a partilhar não apenas a comida, mas também as nossas alegrias, tristezas e esperanças. É à mesa que nos abrimos uns para os outros e fortalecemos os laços familiares e comunitários. Tal como nos ensinamentos de Jesus, nos quais cada refeição se tornava uma oportunidade de bênção e transformação, também hoje somos convidados a redescobrir o valor desse simples, mas poderoso ato de nos reunirmos em torno da mesa.

Neste capítulo, vamos explorar mais profundamente o significado espiritual e emocional de nos reunirmos à mesa. Descobriremos como esse ato aparentemente comum tem o poder de transformar as nossas vidas e as vidas daqueles ao nosso redor. A prática de compartilhar uma refeição em família ou com amigos é uma tradição antiga que, quando redescoberta e valorizada, pode restaurar relacionamentos, trazer cura emocional e fortalecer a fé.

A prática da comunhão à mesa

No mundo moderno, recuperar a prática da comunhão à mesa é uma das disciplinas espirituais mais valiosas que podemos cultivar. Em tempos de correria e desconexão, os cristãos são chamados a reacender a arte de compartilhar uma refeição calma e significativa com seus entes queridos. Esta prática, apesar de não aparecer frequentemente nas listas de disciplinas espirituais clássicas, é uma maneira poderosa de nutrir tanto o corpo quanto a alma. Jesus utilizava a mesa para ensinar, para abençoar e para curar. Da mesma forma, nossas refeições podem ser momentos de adoração e comunhão espiritual, nos quais agradecemos a Deus pela provisão e reconhecemos Sua presença em nossas vidas.

A mesa como lugar de bênção

Cada refeição que partilhamos é uma oportunidade para nos lembrarmos das bênçãos de Deus. Quando nos sentamos à mesa, temos a chance de reconhecer a Sua provisão e expressar gratidão. Esse é um momento de abençoar e ser abençoado, um ato de adoração, em que nos conectamos com a generosidade de Deus. A Bíblia nos ensina que "toda boa dádiva e todo dom perfeito vêm do alto" (Tiago 1:17). Assim, cada refeição se torna uma celebração da bondade e do amor de Deus em nossas vidas.

A mesa como lugar de união familiar

Para as famílias, a mesa de jantar é essencial para promover o amor, a paz e a união. Em um mundo cada vez mais acelerado, que nos pressiona a estar constantemente ocupados e distraídos, a mesa oferece um refúgio, um lugar onde podemos deixar para trás as preocupações do dia a dia e nos concentrar em estar presentes uns com os outros. Como diz o Salmo 128:3, a mesa é o lugar onde a família floresce, onde os filhos são como "rebentos de oliveira ao redor da Sua mesa", símbolo de vida e crescimento.

O simples ato de comer juntos fortalece os laços familiares, promovendo comunicação e compreensão. Cada refeição é uma oportunidade para reforçar a importância da família, um reflexo do plano de Deus para a comunidade e o amor incondicional. Quando dedicamos tempo para refeições em família, estamos criando um espaço sagrado de comunhão, onde cada membro é valorizado e amado. Esse ato simples reflete o desejo de Deus para o Seu povo: que vivamos em unidade e amor (Efésios 4:3).

A tradição da mesa na História e na Bíblia

Desde tempos antigos, reunir-se em volta da mesa transcende culturas e gerações. No Antigo Testamento, vemos que as festas de Israel eram marcadas por grandes refeições, celebrando as bênçãos e o cuidado de Deus. A própria Páscoa, um dos eventos mais significativos para os judeus, era celebrada com uma refeição em família, que lembrava a libertação do Egito. No Novo Testamento, Jesus perpetua essa tradição de comunhão à mesa, tanto com os Seus discípulos quanto com os marginalizados, pecadores e aqueles que mais precisavam da Sua presença.

Reunir-se à mesa não é apenas uma tradição, mas um chamado divino. Jesus nos mostra que a mesa é um lugar de partilha, de graça e de perdão. É um lugar onde tanto os amigos quanto os inimigos se encontram e onde o amor de Deus é revelado de forma prática e tangível. Mesmo quando Jesus sabia que seria traído, Ele se sentou à mesa com Judas, demonstrando a profundidade do Seu amor e misericórdia.

O valor de reunir-se em volta da mesa

A reunião em volta da mesa promove intencionalidade e foco nas relações, o ato de sentar-se ao redor dela transcende gerações e culturas. Desde a primeira criação da mesa, há mais de três mil anos, ela tem ocupado um lugar importante na vida familiar. Apesar das mudanças no estilo de vida e nas gerações, a prática de partilhar refeições em volta da mesa continua sendo essencial para fortalecer os nossos relacionamentos.

Em um mundo marcado por distrações e isolamento, sentar-se à mesa com outras pessoas nos ajuda a desviar o olhar de nós mesmos e a colocá-lo nos outros. É um momento para perguntar sobre o dia uns dos outros, para partilhar bênçãos, preocupações e para celebrar as vitórias. A mesa se torna um local de conversas significativas e de cura emocional e espiritual. Esse ato singelo aproxima as pessoas, oferecendo um espaço seguro para a comunicação, o amor e o reforço dos laços familiares. Desde o início, Deus quis que a hora da refeição fosse um momento especial para nos relacionarmos. É um momento sagrado no qual as relações são cultivadas, os problemas são resolvidos e a vulnerabilidade é partilhada.

Combater o isolamento

Em uma sociedade que muitas vezes nos empurra para o isolamento, seja pelo excesso de trabalho ou pela dependência da tecnologia, a mesa oferece uma maneira de combatê-lo. Compartilhar uma refeição com outras pessoas alivia o peso da solidão e nos lembra de que não estamos sozinhos. Como Jesus disse em Mateus 18:20: "Onde estiverem dois ou três reunidos em meu nome, ali estou no meio deles." A mesa pode ser esse lugar de encontro com Deus e com os outros, onde a presença divina se faz real.

Oferecer um convite

A mesa é um local natural para oferecer hospitalidade. Jesus nos chama a ser hospitaleiros, a abrir nossas casas e corações para aqueles que precisam de comunhão. Em Hebreus 13:2, somos lembrados: "Não vos esqueçais da hospitalidade, porque por ela alguns, sem o saberem, hospedaram anjos." Ao convidarmos alguém para nossa mesa, estamos exercendo um ato de amor e serviço, seguindo o exemplo de Cristo, que frequentemente acolhia e partilhava refeições com os outros.

Oportunidades de servir

A reunião em volta da mesa também apresenta inúmeras oportunidades para servir ao próximo. Desde servir uma bebida até o preparo de uma refeição inteira, o ato de servir os outros à mesa nos ensina a dar prioridade às necessidades dos que nos rodeiam. É uma forma simples, mas poderosa, de cultivar um espírito de hospitalidade e bondade em nossas famílias e comunidades. Lembre-se que Jesus, antes de partilhar a última ceia com Seus discípulos, lavou os pés deles, mostrando que servir uns aos outros é a essência do amor cristão (João 13:1-17). Da mesma forma, quando servimos uma refeição, quando nos dedicamos ao cuidado dos outros à mesa, estamos seguindo esse exemplo de humildade e serviço. A hospitalidade à mesa é uma extensão do amor cristão.

Conclusão: a mesa como símbolo de comunhão e graça

Embora nem sempre seja possível reunir-se à mesa todos os dias, fazer um esforço intencional para dar prioridade a esses momentos é profundamente recompensador. A mesa continua a ser um santuário de comunhão, um espaço onde as distrações do mundo moderno são deixadas de lado e onde encontramos a presença de Deus em nossas relações.

A mesa é mais do que um lugar para se alimentar fisicamente; é um espaço onde se alimentam o espírito e as relações. À medida que navegamos por nossos compromissos diários, é importante lembrar que esses momentos à mesa são fios que tecem o tecido de nossas vidas. São nesses momentos que encontramos não apenas o sustento físico, mas também o sustento espiritual, e somos lembrados da importância da comunhão, do serviço e do amor em nossas vidas. Que possamos sempre cultivar esse espaço sagrado, reconhecendo-o como um presente de Deus nas nossas vidas.

Referência bibliográfica

MCATEER, John. **When Jesus himself wanted to explain to his disciples what his forthcoming death was all about, he didn't give them a theory, he gave them a meal.** filmphilosopher.wordpress.com, 2011. Disponível em: https://filmphilosopher.wordpress.com/2011/05/13/when-jesus-himself-wanted-to-explain-to-his-disciples-what-his-forthcoming-death-was-all-about-he-didnt-give-them-a-theory-he-gave-them-a-meal/. Acesso em: 01 nov. 2024.

"EM TEMPOS DE CORRERIA E DESENCONTRO, SOMOS CHAMADOS A REDESCOBRIR O VALOR DE UMA REFEIÇÃO CALMA, EM QUE O AMOR E A CONEXÃO SE RENOVAM."

Claudia da Silva

CLÁUDIA
SILVA RAMOS

Sou Cláudia Silva Ramos, filha caçula de cinco filhos do Sr. Remir e da Dona Mariinha. É assim que o mineiro se apresenta, nasci em Governador Valadares/MG.
Casada com Marcelo há 28 anos, moramos em Guarapari/ES desde março de 1998 e somos pais da Ana (24 anos) e da Sara (20 anos).
Guardiã do lar, tenho formação em Psicologia, Gastronomia e sou empreendedora no setor culinário. Amo cozinhar e partilhar o alimento preparado com zelo, para proporcionar aconchego a todos que se sentam à mesa a fim de degustá-lo.
Eclesiasticamente, faço parte da equipe de professores de jovens e sou sócia da sociedade de mulheres. Mentora da Experiência do Lar, com duas turmas formadas.

claudia_silva_ramos_
experienciadolarguarapari
Cláudia Silva Ramos
claudiacentralcafe@gmail.com

FAMÍLIA
conectada à mesa

5 Mesa: lugar de encontro e aprendizado

Por Cláudia Silva Ramos

A mesa sempre foi um móvel muito importante no lar onde nasci, lar formado pelo casamento dos meus pais, um capixaba de coração mineiro, o Sr. Remir, e de uma mineira de nascimento e coração, a Dona Mariinha, que tiveram cinco filhos. A casa sempre estava cheia de crianças dos vizinhos, dos colegas de escola, dos filhos adolescentes e jovens, dos sobrinhos, dos amigos, dos irmãos da igreja, e em muitos momentos parecia uma festa, a casa era movimentada.

Ao redor da mesa as atividades não paravam, tomávamos o café da manhã, os meus irmãos saíam logo para escola e trabalho, e o cenário em cima da mesa era modificado para uma mesa de estudos, e ali eu fazia as tarefas da escola. Aproximando das 11 horas da manhã, os cadernos e livros eram substituídos por toalha, pratos, talheres e copos, o almoço era servido e minha mãe perguntava: "Quem vai 'dar graças' hoje?". Os olhares de todos se cruzavam rapidamente e logo alguém fazia a oração de gratidão pela vida, pela comida e pelo alimento espiritual.

Desde sempre, meus pais ensinaram não só para nós, os filhos, mas a todos que estavam à mesa, sobre Jesus, o Pão da presença, o nosso Salvador e Senhor que provê nosso alimento. É Ele que nos nutre espiritualmente. Aprendi desde os meus primeiros anos de vida com os meus pais que a mesa é lugar de gratidão a Deus. Gratidão é valorizar e reconhecer o cuidado de Deus e a nossa dependência dEle em todas as circunstancias: "Em tudo, dai graças, porque esta é a vontade de Deus em Cristo Jesus para convosco" (1Tessalonicences 5:18, ARA). Isso influencia as escolhas e as atitudes que tomamos na vida, os filhos observam a coerência de vida dos pais e conferem se há concordância entre o que é falado e o que é vivido no dia a dia; é na mesa que temos a oportunidade de expressar gratidão a Deus diante dos filhos, é preciso aproveitar as oportunidades e de forma intencional ensinar que a vontade de Deus é a de que sejamos gratos.

Na casa de meus pais, quem estava ao redor da mesa também era chamado a participar ajudando, sempre havia alguém dizendo o que era para ser feito: "tira mesa, limpa mesa, põe a mesa" (esclarecendo para quem não é mineiro: "tira mesa" é remover os utensílios e a toalha, "põe mesa" é estender uma toalha e colocar os utensílios necessários para saborear a refeição ou colocar um joguinho de tabuleiro para diversão, e "limpa mesa" é limpar tudo mesmo, até varrer o chão se for preciso); assim aprendi que mesa é lugar de cooperação.

Cresci nesse ambiente com muitas pessoas ao redor da mesa no dia a dia. Com meus irmãos casando e a correria da vida, os almoços movimentados quase que diariamente foram dando lugar para os almoços de domingo, em que a macarronada com molho de frango era aguardada por todos; filhos, noras, genro e netos. As lembranças dos almoços de domingo trazem-me satisfação; aprendi a valorizar os momentos, eles são únicos.

Casei e mudei. Mudei de cidade, estado, igreja, casa e também de mesa. Muitas mudanças e adaptações. O tamanho da mesa também mudou, no apartamento só cabia uma mesa de quatro lugares, e no dia a dia habitual foi preciso acostumar a não estar presente com tanta constância nas mesas "grandes" das casas dos nossos pais, mesas grandes que deixaram saudades. Porém, foi em uma mesa de quatro lugares que a família que construímos pôde experimentar infinitas bênçãos do Pai Eterno, entendendo que bênçãos não são apenas as festividades, os momentos difíceis precisam ser vistos como bençãos, pois "sabemos que todas as coisas cooperam para o bem daqueles que amam a Deus, daqueles que são chamados segundo o Seu propósito" (Romanos 8:28, ARA). Foi na pequena mesa que os laços foram estreitados, muitas vezes as vulnerabilidades foram expostas, mas ali tinha o acolhimento, Jesus, o Pão da presença, trazendo-nos a paz e ensinando-nos a amar.

A família cresceu e Deus nos agraciou com duas filhas lindas, e a pequena mesa, além de refeições, reuniões e local para fazer as tarefas da escola, também era palco de desfile de bonecas e local ideal para jogos de tabuleiro. A pequena mesa não tinha os cheiros, sabores e barulhos da grande mesa das casas de nossos pais, mas era o suficiente, tínhamos o necessário. Sou grata a Deus, compreendi que "tudo tem seu tempo determinado, e há tempo para todo propósito debaixo do céu." (Eclesiastes 3:1, ARA).

A mesa de quatro lugares foi conosco para um apartamento maior, foi colocada na cozinha, continua a ser tão importante quanto o tempo que ocupou a nossa sala de estar, pois continua sendo um lugar de encontro e aprendizado, em que os relacionamentos são estreitados.

Adquirimos uma mesa de seis lugares para a sala de estar e, com o passar do tempo, descobri que podíamos transformar essa mesa em uma de oito, nove ou dez lugares, só era preciso sentar mais próximo e adicionar mais cadeiras. Essa descoberta só foi possível porque em nossa casa a hospitalidade, que foi aprendida com nossos pais ao redor da mesa, é ensinada para nossas filhas, não nos conformamos com uma mesa com apenas quatro pessoas ao redor. Receber pessoas em nossa casa é sempre um prazer, pois exercer a hospitalidade é obedecer a Deus, portanto, não se trata de querer ou não, é um dom do Espírito e também um imperativo divino: "praticai a hospitalidade" (Romanos 12:13, ARA).

Exercer a hospitalidade é receber pessoas e fazer com que elas se sintam bem, é simples e não requer "pompas e circunstâncias", apenas atitude de desprendimento e generosidade. Ao fazer um café, assar pães de queijo, arrumar a mesa e receber alguém, posso promover em todos ao redor da mesa sentimentos de aconchego, proximidade e segurança. Eram esses sentimentos que minha mãe Mariinha suscitava nas pessoas que se assentavam à mesa com ela. Quem se sentava à mesa com minha mãe, sentia-se especial mesmo que fosse para tomar apenas um cafezinho acompanhado de uma fatia de broa de fubá. Foram nos encontros à mesa que eu pude aprender com ela como exercer a hospitalidade de forma leve, e com generosidade ela exercia esse dom dado por Deus e, com diligência, minha mãe Mariinha obedecia ao imperativo divino "Sede, mutualmente, hospitaleiros, sem murmuração" (1 Pedro 4:9, ARA).

Estar ao redor da mesa com pessoas queridas nos momentos de alegria, descontração é muito bom! Mas existe também o dia mau; o dia que a saudade dolorida e o luto chegam aos corações dos que estão assentados à mesa. Em um espaço de três anos, Deus buscou meus pais para morar com Ele no Céu. Foi um tempo muito difícil para mim, mas estar assentada à mesa com minha família contribuiu muito para acalentar meu coração, a conexão que foi construída ao redor da mesa e é expressa com a alegria nos momentos de festividades, também trouxe serenidade para atravessarmos juntos o processo de elaboração do luto. Deus derramou graça e a saudade tão dolorida foi sendo transformada em uma saudade cheia de admiração pelos ensinamentos deixados por Dona Mariinha e Sr. Remir. Sentar à mesa com minha família no tempo da dor ensinou-me que a dor não é destino, não é para sempre. Deus cuida de todos os detalhes em todas as situações, nos dias de aflição Deus nos abençoou, nos consolou e experimentamos ânimo, união e força para prosseguir.

Em meados de 2014, oito meses após o falecimento de minha mãe, eu estava vendo as redes sociais quando vi uma postagem de uma amiga de infância muito querida, havia muitos anos que não nos víamos. Na postagem, ela dizia estar passeando com a família na cidade Vila Velha/ES (e eu moro em Guarapari/ES). Mesmo não acreditando que ela aceitaria o convite (pois era o fim das férias), enviei uma mensagem convidando-a para que viessem conhecer Guarapari e tomar um lanche aqui em casa. Fiquei na expectativa, e daí a pouco o telefone tocou, era ela dizendo que aceitou o convite. Deus é bom demais! Preparei o lanche, arrumei a mesa, avisei as meninas e meu marido que receberíamos visitas, fiquei esperando e com o coração cheio de expectativas: "Foram quase 20 anos sem nos vermos. Como será? Será que teremos conexão como quando éramos crianças?".

Enfim, a campainha tocou: chegaram! As famílias foram apresentadas, nos sentamos à mesa, e de repente já era uma festa com muitas risadas. Que presente maravilhoso Deus me enviou! Minha amiga de infância Giselda Sathler estava em minha casa com a família. Naquela tarde fomos reconectadas. É claro que tínhamos muitas informações para serem trocadas.

Foi um reencontro feito por Deus, fomos reconectadas à mesa com a companhia das nossas famílias valorosas. Depois da nossa reconexão à mesa, só nos aproximamos. Hoje Giselda Sathler, minha amiga de infância, é também minha mentora da *Experiência do Lar*. Esse encontro com Giselda Sathler começou a me ensinar sobre reconexão à mesa.

O aprendizado sobre reconexão à mesa continuou e, em 2019, a rotina mudou; Ana se preparando para uma Universidade e Sara se preparando para uma escola técnica federal, com uma carga horária intensa, sem tempo para estarem à mesa, estavam distantes. Meu coração doía, abri meu coração ao Pai Eterno, pois precisava de uma estratégia para que se reaproximassem. Deus abençoou e as meninas alcançaram seus objetivos, eu não conseguia ver uma reconexão, Ana ia estudar em outro estado. Em 2020, fizemos a mudança, aí chegou a pandemia, o isolamento social, e as famílias estavam em casa. Orei a Deus, pedindo uma estratégia, Ele me ouviu, sugeri almoços temáticos de alguns países. Usei o que tinha e foram momentos incríveis, em que saboreamos muito mais do que um menu de qualidade, pois o mais importante aconteceu: Deus nos abençoou e a família foi reconectada!

O aprendizado que tenho ao sentar à mesa é contínuo, à mesa revivo lembranças, semeio memórias e cultivo afeto. Você quer uma família fortalecida à mesa? Ore a Deus, peça tática e aja.

"À MESA REVIVO LEMBRANÇAS,
SEMEIO MEMÓRIAS E
CULTIVO AFETO."

Cláudia Silva Ramos

COLHA MARIA

"Toda promessa passa pelo processo, mas é maravilhoso ver as promessas do Senhor se cumprindo em nós e por meio de nós!" (Colha Maria)

Meu nome é Maria do Socorro Pereira Ribeiro, mais conhecida como Colha Maria. Sou filha de Raimunda e José Maria, natural de Fortaleza/CE. Sou casada com o amor da minha vida, Ilídio, há 33 anos.

Moramos em Brasília/DF e sou mãe de três filhos: Layane, que teria 32 anos (*in memoriam*), Bruno, de 28 anos, e Vinícius, de 21 anos. Sou mãe, esposa, empresária e guardiã do meu lar.

Sou formada em Design de Interiores, decoradora de eventos e mentora do curso *Experiência do Lar*. Também sou líder de caravana há mais de oito anos. Amo o que eu faço!

Minha casa está sempre aberta para receber mulheres, que se juntam a mim à mesa para serem abençoadas. Sou cristã desde pequena e congrego na Igreja de Deus do Brasil, aqui em Brasília.

colha_mqs

Colha Marques

colha2016@gmail.com

FAMÍLIA

conectada à mesa

6 Mesa: lugar de perdão e cura

Por Colha Maria

Para mim, está sendo um privilégio e uma enorme alegria participar da edição deste livro. Eu nunca imaginei que poderia escrever um livro, mas entendo que, assim como eu, você também pode. Eu costumo sempre dizer que tudo que eu fizer para Deus, alcançando minha família, pessoas e minha vida, valeu a pena, mesmo nos processos dolorosos.

Se você, leitor, precisar sentar-se à mesa para perdoar e ser curado, convido você a ler este capítulo para ser alcançado pela cura divina.

A mesa sempre foi um objeto muito importante para mim. Lembro-me que, quando casei, a primeira coisa que comprei foi uma mesa, porque achava bonito, mas não imaginava a profundidade que ela traz. A mesa mudou muito a minha vida e a vida de muitas pessoas, principalmente a da minha família. Sempre trabalhei com decoração e amava arrumar mesas. Quando eu chegava em qualquer lugar que tivesse uma mesa, ficava encantada. Então, vamos à minha história.

Em 1995, passei por uma perda muito grande. O Senhor Jesus colheu minha primeira filha, um sonho que eu tinha de ter uma menina acabou naquele dia 22 de novembro de 1995. Ela foi morar com Deus, com apenas 1 ano e 8 meses de vida. Vivi com ela esse período, em que brincávamos de boneca e fazíamos festas para as bonecas dela, mas naquela noite tudo acabou. Eu sofri muito em silêncio, só eu e Deus sabíamos da minha dor, da angústia que eu carregava e, assim, fiquei vivendo o luto por 20 anos. Não via beleza em nada. Tive meus dois filhos, o que me fez sentir mais feliz, com essas duas heranças que o Senhor tinha confiado a mim para cuidar e amar. No entanto, a dor e o luto continuavam no meu peito.

Em 2016, tive a oportunidade de viver algo sobrenatural: a cura divina na minha alma. E foi na mesa que vivi essa cura. Passei uns dias na Estância Paraíso, em Belo Horizonte, onde fui cuidada, ministrada e ressignificada no propósito que Jesus tinha para minha vida e minha família. Naquela tarde, fui convidada a sentar-me na mesa do Senhor, tudo estava preparado com muito amor para me receber.

Eu estava cheia de dores, angústias, feridas, mágoas e revolta. Não conseguia dar o amor que minha família precisava, fazia o impossível para esconder minhas dores e esforçava-me para atender a todos, mas era tudo superficial, pois vivia com muitas dores, muitas mazelas e muitas mágoas. Mas, naquela mesa, fui curada e liberta de todos os meus traumas. Pude colocar todo o meu sofrimento ali. Houve muito choro, muito grito, mas saí do quarto escuro dos traumas e dores para a alegria de viver com a família que o Senhor me confiou. Quando saí daquela sala, era outra mulher, com muitos sonhos e projetos que estavam guardados na gaveta. Disse às minhas colegas de quarto: "Meninas, preciso comprar uma mesa!" Elas perguntaram o porquê, e eu respondi: "A mesa cura, a mesa liberta você e faz você sorrir novamente e você começa a ver cores onde só havia escuridão". Desde então, a cada dia apaixono-me mais pela mesa.

Depois daqueles dias que passei lá, chegando ao meu **lar**, logo fui aonde precisava ir, pedir perdão. Eu tinha uma mágoa muito grande do meu cunhado, esposo da minha irmã. Quando cheguei à casa dela, havia uma mesa para me receber, com um delicioso café. Conversamos, eu estava tão feliz, sorrindo, alegre, e comecei a ver beleza nas coisas. A mesa estava simples, mas eu a achei linda. Talvez porque eu já me sentisse curada, e então tudo era belo. Chamei meu cunhado para sentar, olhei para ele e disse: "Quero lhe pedir perdão e também liberar o perdão para você. Eu preciso ser feliz e você também. Minha irmã precisa ser feliz. Quem sou eu para julgar alguém? Perdoe-me e me dê um abraço." Foi lindo. Depois fui até minha mãe e também pedi perdão. Mas, por que tinha que pedir perdão para ela? Eu sempre ficava com raiva quando alguém me chamava de Socorro e então eu falava: "Mãe, você colocou esse nome em mim", e me sentia muito mal com meu nome, mas fui curada e hoje gosto muito dele. Eu disse: "Você me perdoa pelas coisas que falei para a senhora?" Foi um abraço tão gostoso!

Tudo isso aconteceu na mesa e foi transformador. Foi então que entendi por que, assim que me casei, comprei uma mesa. Não era apenas por "ser bonito ter uma mesa", mas porque meu coração já sabia que, por meio da mesa, eu poderia ser curada e curar outras pessoas. Mesmo não tendo espaço para a mesa dos meus sonhos, eu tinha uma mesa de pés pretos de ferro e tampo de mármore na minha cozinha. Sempre a arrumava para minha família com o que eu tinha e dizia: "Um dia terei a mesa dos meus sonhos."

Nessa mesa pequena, comemorávamos aniversários, datas comemorativas e resolvíamos conflitos familiares. O importante é que Jesus sempre estava lá. Meu esposo não tinha o costume de comer à mesa, preferia o sofá. Eu sempre o chamava para a mesa, mas ele continuava no sofá. Com o tempo, ele passou a entender que a mesa é onde tudo começa, e hoje ele come à mesa. Toda vez que alguém chegava à nossa casa, acabava ficando para conversar à mesa.

O Senhor falou muitas vezes comigo nessa mesa. Eu me perguntava se um dia teria a mesa dos meus sonhos, e o Espírito Santo respondeu-me claramente: "Sim, e sua mesa será para cura e perdão, como foi com você". Ele me disse que daria uma mesa para mim, que seria conforme meu coração, e que essa mesa seria um lugar de alegria para mim e minha família. O Senhor também me disse que, por meio das minhas dores, eu ajudaria a curar outras vidas.

Em 2022, no mês de julho, eu decidi abrir minha casa para receber mulheres e famílias. Mesmo sem ter uma mesa grande, alugava mesas e cadeiras e comecei a ministrar o curso *Experiência do Lar* para oito mulheres, olho no olho, na mesa. Foi um passo de fé, e, em agosto de 2022, consegui comprar minha mesa dos sonhos, com oito lugares. Mesmo sem espaço para ela, tudo deu certo, e hoje tenho uma linda sala de jantar. Nessa mesa, toda semana encontro-me com famílias para nos sentarmos juntos e aprendermos sobre o poder da mesa.

A mesa também nos permite viver dores, e aprendemos que, na mesma mesa, onde há dor, há cura. Em março daquele ano, fomos surpreendidos com uma notícia que abalou nossas estruturas. Foi na mesa que meu filho mais velho, Bruno, nos contou que vivia há 28 anos preso em uma prisão de que não conseguia sair. Ele revelou que era homossexual. Naquele momento, meu mundo desabou e o choro e o soluço tomaram conta de mim novamente. Perguntei a Deus por que estava sentindo tanta dor na mesa, mas o Senhor me respondeu que a mesa é lugar de cura e perdão, de libertação. Eu disse ao meu filho: "Eu te amo, te perdoo e estou aqui para te ajudar". Nós nos abraçamos, choramos, e entreguei o coração de Bruno nas mãos de Jesus.

Além de curar feridas emocionais, a presença de Jesus Cristo à mesa tem o poder de restaurar e confirmar a verdadeira identidade de cada pessoa, mesmo em meio aos conflitos e dificuldades familiares. Ao nos reunirmos à mesa com o coração aberto, convidamos Cristo para trazer paz e clareza em momentos de confusão. Nesse ambiente de comunhão, Ele nos acolhe, cura nossas dores e nos lembra de quem somos em Sua presença. A mesa torna-se um lugar de transformação, em que cada um redescobre seu valor e propósito, apesar dos desafios. Sob a liderança de Jesus, ela é um espaço de cura emocional e renovação espiritual, em que as famílias podem se reconciliar e experimentar a restauração da identidade pessoal. Aqui, Ele opera milagres no coração, lembrando-nos de que somos amados e fortalecidos para enfrentarmos qualquer circunstância.

Hoje, na mesa da minha família, o ambiente é de perdão, cura, restauração, testemunhos, alegria, paz e muito café. Os meninos gostam tanto da mesa que, quando vão receber alguém, eles mesmos arrumam tudo do jeito deles. Um dia, cheguei do trabalho e lá estavam meus filhos e os primos, todos juntos à mesa, comendo e jogando. Eles disseram: "Mãe, hoje é noite dos primos!". Como meu coração alegrou-se ao ver aquela cena! Na minha linda mesa, onde já chorei, também dou gargalhadas, faço planos e projetos. Com tudo que passei — todas as dores e traumas — fui transformada em alegria, paz e amor. Foi preciso passar por isso para me reconectar ao propósito que Jesus tinha para mim e minha família.

Hoje, com grande alegria e gratidão, tenho o privilégio de ajudar outras famílias a descobrirem o poder transformador que reside na mesa. Essa peça tão simples do nosso lar, muitas vezes subestimada, é um lugar de cura, de comunhão e de bênçãos. Estou aqui, sentada à minha mesa querida, escrevendo este testemunho que brota de um coração repleto de gratidão, com os olhos brilhando de esperança e um sorriso sincero no rosto. Essa jornada de cura ensinou-me que o verdadeiro dono da mesa é Jesus Cristo, que nos convida todos os dias a compartilhar momentos preciosos com aqueles que amamos.

A mesa não é apenas um móvel; é um altar de reconciliação, um lugar onde a graça de Deus se manifesta de maneira prática e tangível em nossa vida cotidiana. Ao redor dela, podemos nos reconectar com nossa família, alimentar tanto o corpo quanto a alma e experimentar as bênçãos que o céu derrama sobre os lares que colocam Cristo no centro. Por isso, convido você a reservar um tempo para sentar-se à mesa com sua família, pelo menos uma vez ao dia. Pode ser durante o café da manhã, o almoço ou o jantar — o importante é estarem juntos, criando memórias, fortalecendo laços e permitindo que Jesus seja a presença viva nesse espaço sagrado.

Sempre haverá um lugar reservado para você nessa mesa, onde o amor, a conexão e a verdadeira paz reinam. É na simplicidade desses momentos que o extraordinário acontece: nos encontramos uns com os outros, nos encontramos com Deus e passamos a viver plenamente as bênçãos do céu em nosso lar.

Que cada refeição seja um encontro com Deus, uma oportunidade de desfrutar da abundância de Cristo em nossa vida e de ver o Seu amor refletido na comunhão que partilhamos com nossa família.

Vamos para a mesa?

"Quando o agir e o perdão de Deus alcançam-me na mesa, transformam e abençoam toda a minha família!"

Colha Maria

ADELIA

DÂNIA DEL GROSSI

Sou Dânia Del Grossi, nasci em Caçapava, interior de São Paulo, filha de Iramyr e Marlene. Tenho três irmãos maravilhosos: Dirian, Desiane e Dalton.
Sou casada com meu amado Fernando Del Grossi há 26 anos, e temos duas filhas preciosas: Maria Eugênia e Maria Clara.
Minha carreira profissional iniciou-se em bancos, até que senti o desejo de estar em casa e me dedicar à família, ao casamento e à maternidade. Após algum tempo, retornei para o mundo corporativo, e quando nossa segunda filha nasceu, senti que era hora de parar de novo.
Após oito anos me dedicando à vida em casa, junto da família, tornei-me empresária com meu esposo, e fundamos uma padaria artesanal francesa chamada Adélia Boulangerie. Há sempre um tempo certo para todas as coisas. Esposa, mãe, empresária...

adeliaboulangerie
+55 19 99618-6400
daniadelgrossi@yahoo.com.br

FAMÍLIA
conectada à mesa

7 Mãe de casa

Por Dânia Del Grossi

Quando recebi este convite de Giselda, por meio da indicação de minha querida amiga Elisa, fiquei feliz e atônita ao mesmo tempo. Como seria escrever sobre minha vida, sobre momentos, recordações, memórias, experiências? E que, de algum modo, pudesse chegar ao coração de quem as fosse ler? Um milhão de pensamentos vieram à minha cabeça, sem uma ordem, sem cronologia, em meio a todas as tarefas cotidianas que nós, mulheres, temos. Que desafio!

Então, pensei em começar pela nossa história, minha e de Fernando, na casa onde crescemos. Nossa história de hospitalidade começou muito antes de nos conhecermos, enraizada nas tradições de nossas famílias, eu penso.

Eu não tenho como chegar à mesa sem escrever sobre meus pais.

Venho de uma família humilde, pai e mãe que estudaram até a 4ª série, e que assumiram responsabilidades adultas desde muito cedo. Um pai severo, mas trabalhador, provedor, empreendedor à sua maneira. Trabalhou no bar de seu pai junto de seus 12 irmãos, foi caminhoneiro, vigia, criou algumas vaquinhas; vendia leite, iogurte, queijos, tudo feito em casa; teve banca de jornal, teve bar etc. Uma mãe dedicada, prendada, habilidosa, cozinhava, lavava, passava, fazia nossos vestidos, calças de tergal, crochê, tricô, bordava, uma mulher virtuosa, não comia o pão da preguiça. Minha avó tinha epilepsia, então ela aprendeu muito cedo a ser adulta. Tínhamos uma vida simples, mas nunca nos faltou nada.

Na casa de meus pais existia uma regra: ninguém saía sem pelo menos ser servido com um copo de água. Para as visitas já sabíamos o que fazer. Passar o café, esquentar o leite, manteiga, queijo, colocar a toalha branca de flores na mesa, o jogo de xícaras brancas e azuis, ir ao supermercado comprar bolo de milho e pães. Eles já colocavam a mesa e ofereciam o que tinham. Filhos de mineiros, traziam consigo hábitos em comum, que eu e meus irmãos experimentamos junto deles.

Fernando vem de uma família com tradição italiana. Pais trabalhadores, graduados, que se esforçaram toda a vida para formar os filhos. Uma casa onde a comida teve sempre um papel importante, momento de reunir a família à mesa. Fernando sempre fala de sua avó Adélia, casada também com mineiro, e de sua mãe, Dona Maria Adélia. Lembranças do caderno de receitas, do fogão sempre aceso, o cheiro de molho borbulhando e o som constante de talheres e risadas. O aroma do café recém-passado. As reuniões em família para fazer as pamonhas, quando as tias se reuniam, as primas, os maridos, era um trabalho enorme até tudo ficar pronto. Elas amavam cozinhar, e suas casas eram verdadeiros portos de acolhimento para quem quisesse uma boa refeição e companhia.

Tive o privilégio de participar de alguns desses encontros, e quantas lembranças ainda daqueles dias. Como é possível, depois de tantos anos, ainda me recordar da casa, das pessoas, do tempo à mesa, que parecia não ter hora para acabar?!

Acelerando um pouco a história, em 1998, Fernando e eu decidimos morar juntos. Nós já namorávamos, ele estava divorciado, um filho, não queria nem pensar em casamento e em filhos outra vez. Eu já o amava demais para não o aceitar, e foi um desapontamento para os meus pais. Então, para oficializar junto à família, reservamos uma mesa, em um restaurante italiano aqui em Campinas, e convidamos nossos pais, irmãos e alguns familiares para celebrar conosco esse passo. Eu queria a benção dos meus pais, mas meu pai disse que não iria. "Há um tempo certo para tudo. Tempo de falar, e tempo de calar." (Ec.3:7).

Alugamos uma casa num condomínio e ali nossa vida a dois começou. Eu trabalhava no banco em Campinas e Fernando trabalhava em São Paulo. Carreira bem estruturada, duas instituições sólidas, cada um com seu salário, seu carro, seu emprego, sem filhos do nosso casamento. Fim de semana eram passeios, academia, restaurante, a gente tinha "rodinha no pé", não parava em casa.

Até que... conheci meus vizinhos de frente, Yolanda e Paul. Eles saíam com os filhos bem cedinho todas as manhãs e só retornavam fim da tarde. Nós nos cumprimentávamos apenas. Às sextas-feiras à noite, a casa dela sempre estava cheia de convidados. Muitas pessoas reunidas na varanda, de onde se podia escutar conversas e risadas ao fundo, pareciam muito alegres, felizes. Ela, então, passou a nos convidar para participarmos dessa reunião, e nós, sempre cansados do trabalho, não íamos.

Felizmente, "para tudo há uma ocasião certa, há um tempo certo para cada propósito debaixo do céu." (Ec. 3:1). Aceitamos o convite e fomos até a casa deles. Fomos tão bem recebidos! Uma casa cheia de detalhes, mensagens bíblicas por toda parte, muitas louças inglesas, xícaras servindo chá à inglesa e uma mesa farta de alimentos, que cada família levou para compartilhar após o estudo que seria feito.

Ainda meio ressabiados de como seria isso, continuamos a frequentar o grupo toda sexta-feira. Chamava-se *Koinonia* – traduzindo: Comunhão. Daí em diante, nossa vida tomou um novo rumo. Não percebíamos ainda tanto, mas aos poucos nossos hábitos de antes, com nossa primeira família, foi retomando, foi ganhando nova vida, novo sentido.

A vontade de estar mais em casa, de cuidar do esposo, da casa, de cozinhar, de receber, aflorou em mim. Mesmo trabalhando fora, eu tinha ânimo, alegria, contentamento, disposição. Eu entendi que as coisas tinham uma ordem certa e que eu estava com essa ordem invertida. Ou nós estávamos.

Continuamos com esse grupo por muitos anos das nossas vidas e ainda temos amigos mais chegados que um irmão. Descobrimos o sentido da família, o valor da união, a importância dos princípios de Deus para as nossas vidas. "E o tempo de nascer, e o tempo de morrer " (Ec. 3:2) chegou à nossa vida.

Decidimos construir uma casa em Vinhedo, planejamos tudo e demos início. Eu saí do banco, Fernando já não trabalhava na antiga empresa, era consultor para empresas em São Paulo com dois sócios. Nasceu nossa primeira filha: Maria Eugênia. Tudo parecia muito bem, mas nosso planejamento não deu certo. A sociedade do Fernando não deu certo, ficamos com dívidas, os dois sem emprego, sem carro e tivemos que abortar sonhos. Um desapontamento, um vazio tomou conta dentro de nós.

A casa de Vinhedo tinha uma cozinha dos sonhos, a casa era linda, mesmo faltando coisas para terminar. Ali, mesmo em tempos financeiramente desafiadores, eu aprendi a fazer pão em casa. Nossas filhas, Maria Eugênia e Maria Clara, cresceram ao redor dessa mesa, onde o amor era servido junto com cada refeição. O cheiro de pão caseiro nunca deixou de perfumar nosso lar.

Deus foi trabalhando em nossa vida na escassez e mesmo quando parecia ser difícil enxergar uma luz, nós recorríamos à palavra de Deus. Isso foi nosso alimento, foi a luz que precisávamos enxergar na caminhada, a prioridade segura, a ordem certa.

Ali Deus revelou Seu propósito para nossas vidas. Ali passamos a servir as pessoas que vinham à nossa casa, pela comida, pelos pães, pelas tortas, pelos bolos, pelos biscoitos que preparávamos. Ali, naquela situação, naquele "tempo certo", nossa mesa estava a serviço de Deus.

Numa manhã, ao sair para levar Maria Eugênia para a escola, dentro do carro, lembrei-me de que não tinha orado.

Peguei a Bíblia no carro, e o trecho dizia assim:

> "Guarda os mandamentos do Senhor teu Deus, para andares nos seus caminhos e para o temeres. Porque o Senhor teu Deus te põe numa boa terra, terra de ribeiros de águas, de fontes, e de mananciais, que saem dos vales e das montanhas; Terra de trigo e cevada, e de vides e figueiras, e romeiras; terra de oliveiras, de azeite e mel. Terra em que comerás o pão sem escassez, e nada te faltará nela; terra cujas pedras são ferro, e de cujos montes tu cavarás o cobre." (Deuteronômio 8:7-13).

Em 2010, fomos morar no Chile. Exatamente a terra descrita na passagem bíblica. Vendemos a casa! Fernando recebeu um convite para trabalhar no Chile... Também ali praticamos a hospitalidade. Hábitos e costumes tão diferentes!... mas à mesa, tudo se tornava comum entre nós. Famílias, homens e mulheres, amigos de nossas filhas, vizinhos, chilenos, brasileiros, argentinos, mexicanos, peruanos, indianos, franceses, americanos, colombianos etc. Muitos vieram à mesa conosco.

Mas nem tudo foi só maravilhas. Desafios principalmente para o esposo, o provedor, o que vai à caça, o responsável pela família, o homem forte e corajoso que deve ser. À mesa sempre foi o melhor lugar para escutá-lo, para aconselhá-lo ou simplesmente estar.

O Chile permitiu-me ter um tempo de intimidade com Deus. Ao mesmo tempo que tinha desafios, eu aprendi a desfrutar e a confiar. Eu aprendi de muitas mulheres, e ensinei, sem perceber, para outras mulheres. Eu escutava muitas pregações *online*, e assim eu fui apresentada ao livro *A Experiência da Mesa*, de Devi Titus, por meio de uma pregação da Ana Paula Valadão. Esse livro me marcou profundamente. Depois, de volta ao Brasil, comprei o livro *A Experiência do Lar*, e esses princípios são o que tenho guardado no meu coração para seguir em frente, confiando, submetendo-me, rendendo-me aos propósitos de Deus.

Do Chile para Araras/SP, em 2014. Outra mudança. Novas amizades, novas mulheres, novos aprendizados, mesa nova. Cada lugar em que moramos, cada viagem que fizemos, cada refeição que compartilhamos... tudo isso se tornou parte de quem somos. Nossa mesa sempre foi mais que um móvel. Era, e continua sendo, o coração de nossa casa, o lugar onde nutrimos não apenas nossos corpos, mas nossas almas e relacionamentos.

Chama-me a atenção, ao escrever sobre a nossa experiência, que, ainda hoje, nossos pais preparam a mesa quando os visitamos. É o nosso ponto de encontro! É o lugar que eles preparam para nos receber! É o lugar onde, sem falar nenhuma palavra, o coração diz "Você é bem-vindo aqui! A casa é sua! Pode entrar!"

Onde o Senhor o(a) plantar, você frutificará!

A sua casa será fortalecida!

Sua descendência será estabelecida!

Seu casamento estará fundamentado!

Minhas filhas referem-se a mim como "mãe de casa". Que você possa se tornar uma referência para sua casa! Deus o(a) abençoe!

Ah!.. Meu pai veio ao meu casamento e me abençoou! Louvado seja Deus!

"Onde o Senhor o(a) plantar, você frutificará! Há um tempo certo para todas as coisas debaixo do céu!"

Dânia Del Grossi

Fotografia: Déborah Luna

DEBY FRANCO PEREIRA

Débora Franco Pereira, sou natural e moro no Rio de Janeiro, casada com David Pereira, pastor da Igreja Missionária Evangélica Maranata, mãe de 4 filhos e avó de 4 netos: Kenner, casado com Brenda, pais de Laura e Benjamin; Felipe, casado com Pâmella, pais de Felipinho e Lucas; Mellina, casada com Felipe Martins; e Fernanda, casada com Vittor.
Farmacêutica, pós-graduada em Análises Clínicas e Gestão de Qualidade. Empreendedora social, diretora executiva da Associação Cristã de Apoio à Criança, ONG que assiste 160 crianças e 100 adolescentes no Rio de Janeiro.
Filha de pastores missionários, amo trabalhar com mulheres incentivando-as a terem vida devocional criativa. Apaixonada por *Bible Journaling*. Idealizadora do projeto *Simplesmente Filhas*.
O mais importante de tudo: serva de Deus.

debyfrancopereira
+55 (21) 98678-4016

FAMÍLIA
conectada à mesa

8 A SEGUNDA CASA

Por Deby Franco Pereira

Deus idealizou a família para ser indissolúvel. Mas e se um novo começo for inevitável? Se o colapso da primeira acontecer, uma segunda família pode ser abençoada?

Em Gênesis 1:27-28, Deus formou a família, criou o homem e a mulher e os abençoou como um casal. Mas, infelizmente, a humanidade distanciou-se de Deus e muitas emoções humanas passaram a ser governadas por esse padrão maligno no qual esse mundo jaz. Uma corrupção estrutural que permite que as pessoas percam o olhar divino para si próprias e para as pessoas que amam. A vaidade, a intolerância e a impureza tomaram conta do coração humano. Nos dias de hoje, parece que somente as "teimosas" famílias, que pela misericórdia de Deus insistem em viver segundo a vontade do Criador, conseguem se desconectar desse sistema vazio e sem valores no qual as pessoas e as relações são descartáveis.

Solidão

Eu e David viemos de experiências semelhantes, que impactaram as nossas vidas de maneira que os nossos casamentos faliram. Ficaram dores e alguns ressentimentos, gerados pelas circunstâncias da vida. A frustração de não se ter os mesmos valores e os mesmos ideais foram corroendo o casco da nossa relação e, claro, o barco todo começou a afundar.

Minha experiência no primeiro casamento foi marcada pelos constantes desencontros entre nós. Sistemas de vida diferentes; a imaturidade; sonhos diferentes; rotinas que não se encontravam; uma falta de sintonia inexplicável e a solidão que me acompanhava. Não tenho nenhuma intenção em apontar culpados neste breve relato, até por que cometi muitos erros e houve falhas em ambos os lados.

Lutas

Meu divórcio foi inevitável e trouxe para minha vida uma batalha enorme pela sobrevivência, em todos os sentidos. De repente, vi-me atolada em dificuldades financeiras, com duas crianças para criar e educar, uma faculdade para concluir, uma rotina de trabalho pesadíssima, que incluía plantões de até 36 horas e uma pequena empresa que na realidade existia apenas pela fé de que Deus havia me confiado aquele ambicioso projeto, que começava do "zero" e que contava apenas comigo como única funcionária.

Nada daquilo fazia sentido para mim, não fui preparada para viver essa frustração e meus ideais de família não incluíam um casamento fracassado. Uma tristeza enorme invadia meu coração por fazer parte de uma estatística que apontava mais um cristão divorciado. Fiz de tudo para blindar meus filhos, Felipe e Fernanda, das consequências de tudo aquilo e esforcei-me para semear a esperança no coração deles, por meio da fé com a ajuda de Deus. Sempre soube do amor de Deus, mas nesse momento eu pude experimentar esse amor de uma forma inexplicável, pela maneira linda como o Pai cuidou de mim, acolheu-me, cuidou de todas as minhas necessidades e sustentou-me em todos os momentos. Percebi que não estava só, o Ele me amava e não estaria desamparada nessa parte espinhosa da minha vida.

Novo casamento

É claro que eu não queria um novo relacionamento, pois estava bem, já tinha meus filhos, acreditava que era uma mulher resolvida e feliz, e um novo relacionamento traria a inevitável necessidade de adaptação a uma realidade completamente diferente, que poderia ser adversa ou favorável. Essa nova dinâmica pode ser uma grande bênção para uma família, mas também pode ser muito difícil, mesmo que ambos os pais estejam firmemente alicerçados na sua fé e dedicação a Deus. É uma situação bastante complexa, que envolve sentimentos profundamente entranhados no coração de todos, principalmente das crianças que teriam que lidar com "uma nova realidade familiar" em uma situação delicada.

Como eu disse antes, não é fácil, mas sempre percebi Deus ao meu lado. Como em Pv. 3:6: "Reconheça-o em todos os seus caminhos, e Ele endireitará as suas veredas".

Quando percebi já estava apaixonada

Quando eu e David começamos a conversar sobre a possibilidade de um relacionamento, assumi uma atitude de forte resistência, apesar de em meu coração me sentir atraída pela ideia. Enquanto lutava com meus sentimentos, recebi uma palavra de Deus, dizendo que ele era uma pedra preciosa que Deus estava colocando em minhas mãos para ser lapidada. Lembro-me que no mesmo momento eu pensei que não estava interessada em pedra preciosa alguma, ainda mais para lapidar. Mas no Natal de 2004, sozinha em minha casa, percebi que já não poderia continuar minha vida sem tentar mais uma vez reconstruir minha família.

A chegada do David trouxe cor para minha vida e alegria para nossa casa. Apesar das turbulências e dos ventos contrários, esse novo barco, preparado, escolhido e abençoado por Deus, mostrou-se tranquilo, porém desafiador, mas de uma forma sobrenatural navegava em águas calmas, tanto no que dizia respeito ao nosso relacionamento como casal, quanto na maravilhosa relação que se formou entre os nossos filhos. Não eram apenas um homem e uma mulher que se uniam para uma vida a dois, mas sim duas famílias, com toda a complexidade e desafio que a criação de quatro filhos trazia.

Naquele Natal de 2004, descobri-me apaixonada. Mesmo tendo lutado com muitas dúvidas em assumir essa nova relação, rendi-me ao que entendi como "vontade de Deus para minha vida". Minha resistência fazia sentido: tinha errado uma vez e não queria (nem podia) errar novamente e minha maior preocupação era com meus filhos. Se já havia sido difícil e traumático para eles o divórcio, uma decisão errada "nessa altura do campeonato" seria um desastre.

David, como eu, vinha de um casamento igualmente fracassado, e pelos mesmos motivos. Sua vida pessoal, profissional e espiritual estavam destruídas, e o esfriamento espiritual que veio como consequência de tudo o fazia sofrer, pois de fato e, apesar de tudo, ele era um homem de Deus. Juntamente com tudo isso, ainda existia a complicada situação do David, já que vivia uma tragédia pessoal com a morte do seu filho mais velho, vítima de uma bala perdida. Uma dessas violências que vemos nos noticiários e que parece que só acontece com "os outros", mas deixou seu coração e suas emoções destruídas. O divórcio, que parecia inevitável, foi sacramentado com a chegada dessa tragédia na família. David, por misericórdia de Deus, enxergou saída para sua dor em reconstruir sua saúde emocional e sua vida espiritual, investindo todas as forças que tinha em manter os filhos, Kenner e Mellina, pertos do Senhor e do seu próprio coração.

Nosso casamento

Como uma família unida dessa forma, envolta em sofrimentos, poderia dar certo? Pois é, pela misericórdia de Deus, em 20 de setembro de 2007, nós nos unimos em casamento com o enorme desafio de criarmos nossos quatro filhos para uma vida feliz e comprometida com Deus. Nosso testemunho a esse respeito é cheio de milagres e cuidados de Deus. Nós podemos considerar nossa casa como um lugar de harmonia e de "mesa farta", em que, na grande sala e na generosa mesa, não apenas refeições são partilhadas, mas alegria, amor, respeito e conhecimento também. Como consequência, nossos filhos se amaram instantaneamente, sem rejeições, sem atritos e sem divisões. Não são muitas as pessoas que sabem que os quatro não são filhos biológicos de nós dois. Eles se tratam como poucos irmãos de sangue conseguem, e fazem questão de manter essa relação assim. Sempre se protegeram e são unidos em família de uma maneira extraordinária.

Nosso casamento, nossa "segunda casa" é um milagre. Em torno da mesa e no aconchego de um lar cheio de amor e respeito, saramos as nossas feridas com curativos diários de carinho, correção, suporte, investimento e trabalho. Para nós, a grande mesa da família, que abrigava seis pessoas, agora já "amontoa" dez com a chegada dos genros e noras, nossos novos filhos, e ainda abriga generosamente os netos.

Nossa casa é o ponto de encontro e referência, tanto para a família, como para tantos amigos e irmãos que acompanharam nossa história, fizeram parte dela e continuam conosco. Não são raros os almoços e jantares com vinte pessoas em nossa casa, com nossos cultos domésticos e a manifestação do amor de Deus em nossas vidas. Nós nos encontramos todos numa nova família, construída por Deus, em um ambiente de amor e cuidado, um abrigo, que só pode ser um projeto do coração de Deus, em que nossas vidas e nossos ministérios foram restaurados.

Para a glória de Deus, eu posso dizer: "Eu e minha casa serviremos ao Senhor". David, meu esposo, amor da minha vida, em 2017 foi ordenado ao ministério e hoje é um pastor e se dedica a cuidar de pessoas. Como sua esposa, tenho me dedicado ao cuidado com as mulheres e as famílias da igreja. E como estão nossos filhos?

Kenner, nosso filho nº 1, é casado com Brenda, juntos são líderes de adolescentes em sua igreja e têm dois lindos filhos, nossa doce Laura e nosso amado Benjamin.

Felipe, nosso filho nº 2, é casado com Pâmella, juntos são líderes de jovens e adolescentes e têm dois lindos filhos: Felipinho, nosso milagre, e Lucas, nosso dengo.

Mellina, nossa filha nº 3, é casada com Felipe Martins, ambos estão agora estudando nos Estados Unidos e são cristãos dedicados.

Fernanda, nossa caçulinha, a nº 4, é casada com Vittor, e também estão envolvidos na liderança de adolescentes.

Assim, vamos vivendo nossas vidas, vendo a boa mão do Senhor em nossa história. Nossa casa, sem dúvida, é um grande milagre. Todas as vezes que nos reunimos, agradecemos ao nosso bondoso Salvador Jesus Cristo pela linda família que Ele nos deu. Temos dedicado nossas vidas a testemunhar como Jesus nos ama e deseja que sejamos felizes.

Deus me chamou para vivermos a simplicidade da mesa arrumada com amor, da rotina sadia que nos leva a uma profunda intimidade com o Pai.

Hoje tenho o prazer de caminhar com mulheres e as incentivo a terem uma vida devocional disciplinada, pois somente assim encontramos forças para superar os desafios da vida, pois antes de tudo, antes de sermos esposas, mães, antes de sermos profissionais, somos filhas amadas e queridas do Pai, que nos recebe em Sua casa e nos serve do melhor dessa terra e das promessas de vida eterna.

"Deus me chamou para fazer coisas simples, mas que nos levam a uma profunda intimidade com o Pai."

Deby Franco Pereira

DEISE PORTELA

Sou Deise Portela, natural de Belo Horizonte/MG e residente em Fortaleza/CE há 33 anos. Há 39 anos, casei-me com meu amado Portela, com quem construí um casamento sólido e feliz, fundamentado no respeito mútuo e na fé em Deus. Sou mãe de dois filhos, ambos casados, e avó de quatro netos que iluminam nossas vidas com sua alegria e amor.

Meu marido e eu administramos uma empresa de representação comercial, colaborando com nove empresas no Ceará. Além disso, tenho a satisfação de mentorar mulheres, baseando meu trabalho na Bíblia, no livro *Experiência do Lar* e em outras inspirações valiosas.

Sou analista comportamental e apaixonada por promover o autoconhecimento e ajudar mulheres a descobrirem seu potencial, tanto como esposas quanto como profissionais.

Deus é minha fonte de força e alegria, sempre presente em minha jornada.

deiseportela

experienciadolar.fortaleza

deisemoportela@gmail.com

FAMÍLIA

conectada à mesa

9 Eu nasci sem mesa

Por Deise Portela

Fui uma menina que nasceu sem uma mesa, mas, ao longo de 64 anos, Deus me concedeu várias mesas repletas de amor e vida.

Sou filha adotada, nascida do coração de minha mãe, Didi, que sonhava fervorosamente em ter uma menina após a dolorosa perda de sua única filha, que faleceu tragicamente após tomar um tombo com um ano de idade. Com seu imenso desejo de servir ao próximo, minha mãe "encomendou-me" a uma missionária, expressando o anseio de que eu fosse parecida com seus próprios filhos. Em um lanche da tarde, sentada à mesa da copa, ela me contou como um dia minha vida mudou para sempre.

Quando ela foi me buscar, eu com apenas um ano e três meses, abracei-a, sentindo um misto de medo e esperança ao entrar no carro a caminho do meu novo lar, uma emoção que eu provavelmente nunca havia experimentado antes. Assim começou minha jornada, não apenas com a mesa, mas também com Jesus.

Não tenho como não ser grata por minha adoção. Ela me trouxe a oportunidade de conhecer Jesus, ganhar oito irmãos e entender o valor que existe em uma mesa onde falamos com Deus.

Na casa que se tornou meu lar, a mesa estava sempre repleta de pessoas. Havia fartura de comida, risadas que ecoavam, broncas e, acima de tudo, oração. Ali, aprendi o verdadeiro valor de uma mesa: o olhar nos olhos, as conversas calorosas e a alegria de compartilhar uma refeição saborosa. As brincadeiras com meus irmãos, o filar a sobremesa, a limonada gelada e as gozações se tornaram parte da nossa rotina.

Minha mãe, com sua generosidade, cozinhava para todos nós, criando um ambiente vibrante e acolhedor. Lembro-me dos Natais repletos de pratos deliciosos e da bagunça organizada ao redor da mesa. Os pudins feitos em cinco formas, uma iguaria que apenas ela sabia preparar, tornaram-se uma tradição sagrada. A correria dos domingos pela manhã, antes de irmos à igreja, era uma verdadeira festa. Nesse lar, aprendi a agradecer a Deus pelo alimento todos os dias, e as longas orações de meus pais antes de cada refeição moldaram meu coração e minha fé, fazendo da mesa um lugar de bênçãos e comunhão. Naquela mesa, minha mãe contava histórias da Bíblia.

Conheci a poderosa história de vida do rei Davi e o gigante Golias, e aprendi, ainda criança, que poderia vencer meus gigantes, os da adoção, que por vezes tentavam me destruir, lançando pensamentos de guerra interior. À mesa, minha mãe sabiamente apresentou-me as mulheres da Bíblia. Consigo visualizar sua expressão ao contar a história de Débora, usando minha boneca, uma mulher determinada que, além de dona de casa, foi juíza. Lembro dos presépios que ela montava, ilustrando a saga de Maria, uma mulher humilde que deu à luz a Jesus, e a maneira como trazia à vida as histórias de Miriam, que salvou Moisés ainda neném — uma mulher que superava crises com sabedoria. Eram tardes lindas e saudosas ao redor da nossa mesa.

E minha mãe, sempre generosa em seu desejo de fazer o bem, conheceu um adolescente e o amou e acolheu como se fosse seu próprio filho, trazendo-o para nossa mesa. Luiz tornou-se nosso irmão do coração, assim como eu. Ele se tornou um marido amoroso, um pai exemplar, um profissional competente e um pastor admirado por todos que têm a sorte de estar ao seu lado. Mais um que também encontrou uma mesa, a nossa mesa, que transformou sua vida.

Aos 24 anos, quando me casei, a primeira aquisição que fizemos foi uma mesa, um símbolo da nossa união e do nosso amor por reunir pessoas. Meu marido, assim como minha mãe, sempre acreditou que a mesa cheia é um espaço especial e abençoador, refletindo seu jeito amoroso e relacional. Hoje, aos 64 anos e celebrando 40 anos de casados, recordo-me com ternura os muitos rostos e histórias que passaram pela nossa mesa ao longo dessas décadas. Amigos que permanecem, amigos que partiram, novos e bons amigos.

Esse lugar transformou-se em um verdadeiro palco de vida, em que choros e risadas ecoaram, em que celebramos vitórias e degustamos pratos que aqueceram não apenas o estômago, mas também o coração. À mesa, ensinávamos nossos filhos sobre a importância da comunhão, recebendo amigos que compartilhavam suas histórias de alegria e, por vezes, narrativas que nos tocavam profundamente. Ali, ouvíamos corações se abrindo em busca de consolo e juntos celebrávamos conquistas, grandes e pequenas.

Em momentos de necessidade, também nos reuníamos para apresentar nossos pedidos a Deus, que nos ouvia e trazia paz ao nosso lar. Um milagre acontecia ali; cada refeição tornava-se uma oportunidade de agradecer, reafirmando a presença divina que nos envolvia. Assim, a mesa tornou-se não apenas um móvel, mas um testemunho do amor, da fé e da conexão que cultivamos ao longo de todos esses anos.

Continuei a tradição familiar da mesa com meu marido e, posteriormente, com meus filhos. O dia começava cedo, e já na mesa do café da manhã agradecíamos pelo dia e pela provisão. A presença de Deus sempre era sentida, pois sempre falávamos com Ele durante as refeições. Nossa casa era um lar em que os amigos das crianças frequentemente se reuniam, e os lanches à mesa se transformavam em momentos de pura alegria. Ali, podíamos compartilhar o amor de Jesus com nossas crianças. Lembro-me de meu filho e minha filha orando ao papai do céu, agradecendo pela comida, com as mãozinhas juntinhas. Anos cantando parabéns com a mesa repleta de amiguinhos ao redor, minha filha com suas bonecas, contando historinhas bíblicas.

Nossa mesa era um lugar de alegria, brincadeiras, jogos divertidos com amigos, resoluções, planejamentos e conselhos. Muitas vezes, foi um espaço de ministração firme e sincera aos nossos filhos, um lugar que abrigou momentos difíceis, onde pedíamos perdão e oferecíamos perdão. Era também um ambiente propício para conhecermos mais a Palavra de Deus, de onde extraímos ensinamentos para nossas caminhadas como casal e família.

Hoje, continuamos nessa caminhada. Minha família se reúne ao redor da mesa, agora com os agregados, novamente barulhenta, com os três netos que chegaram e a expectativa da quarta neta que está por vir.

Os brinquedos "milagrosamente" voltaram para a sala, os livrinhos de histórias, os chorinhos e, principalmente, o som amoroso de vozes que nos chamam de vovó e vovô. As orações ao papai do céu, agradecendo pela comida, são momentos preciosos à mesa. O suco derramado na toalha nos faz rir e limpar com prazer. E a oportunidade de novamente brincar no chão da sala, contar uma historinha, cantar, trocar uma fralda, dar a comidinha, levar à escola. A oportunidade de ter um bebê no colo tão aconchegado e dependente.

Olhando para minha história, sinto uma imensa gratidão a Deus por Ele ser meu maior mentor até aqui. O amor que tenho por Sua Palavra tem sido luz para o meu caminho. Nada que vivi e vivo foi por meu mérito, mas pela grande oportunidade de conhecer a Jesus e Sua Palavra.

Reconheço que Ele colocou perto de mim pessoas que colaboraram e ainda colaboram para meu crescimento e equilíbrio. Quantas vezes amigos, mais chegados que irmãos, sentaram-se conosco, nos amaram, disseram a verdade e nos aconselharam!

Ele nos deu filhos que, desde o nascimento, nos motivaram a sermos melhores. É um verdadeiro descanso poder olhar para nossos filhos e ver neles o reflexo do que há de positivo em nós. Filhos que se tornaram adultos equilibrados, fiéis a Deus, e que estão formando uma linda família.

Minha filha, a facilitadora da paz, é uma mulher calma e sábia, que sabe escolher quais batalhas realmente vale a pena lutar. Meu genro, o homem que minha filha escolheu para construir sua família, é semelhante a seu pai: possui um caráter firme e um hábito natural de servir ao próximo.

Meu filho, um homem de caráter como o do pai, é o melhor compositor que já conheci, capaz de transformar o que não consigo expressar em palavras. Hoje, ele se mostra um pai protetor e maduro, assumindo a paternidade de forma incrível. Além disso, é um marido provedor e amoroso.

Sua esposa, minha nora, é uma linda mulher que trouxe alegria à nossa família com seu jeito doce, amável e engraçado. Ela é, além de uma mamãe amorosa, uma mulher de princípios bem estabelecidos, que ama estar conosco à mesa.

Meu marido, a segunda e melhor escolha da minha vida, trouxe mais cor à minha história, tornando-a mais vibrante e cheia de vida. Ele fez de muitos dias os melhores da minha vida. Sinto-me amada, cuidada e protegida, feliz por poder ser feminina e não lutar contra isso.

Não busco aplausos ou reconhecimento quando falo de minha família, apenas a aprovação de Deus. Reconheço que a mesa que recebi por meio da adoção foi uma benção para mim. Eu e minha mãe resolvemos que a adoção seria uma benção, para nós e para todos que fariam parte de nossa vida.

Continuo sonhando em prosseguir ajudando mulheres a transformar seus lares em lugares de amor e paz. Sigo nessa caminhada de inspiração, incentivando mulheres a tomarem as melhores decisões na vida.

Hoje, mentoro mulheres ao redor da minha mesa, recebendo aquelas que desejam um lar de amor e paz. Compartilho como cheguei até aqui, com uma linda família e um casamento baseado em respeito, amor, companheirismo, fidelidade, lealdade, além de realização financeira, mas acima de tudo, com a presença do nosso Senhor e Salvador Jesus Cristo.

Acredito que a mentoria é a melhor forma de ser relevante na vida de mulheres que não tiveram uma referência para construir um futuro familiar e profissional. Juntas, podemos criar mesas em que o amor e a paz se encontram, cultivando memórias que se eternizam e escolhas que transformam vidas.

Enfim, a cada refeição cultivamos não apenas o prazer de comer, mas a arte de vivermos juntos, reforçando que as boas decisões ao redor da mesa na presença de Jesus são as que realmente trazem paz e felicidade às nossas vidas.

"Nasci sem mesa, mas construí uma na qual a família se fortalece e mulheres encontram direção para transformarem suas vidas com propósito."

Deise Portela

DULCE CODEÇO

Dulce Codeço dos Santos, natural de Campos dos Goytacazes/RJ, amiga de Jesus, ama café, sem família, vive em Santiago do Chile há 28 anos.

Bibliotecária, formada pela Universidade Federal Fluminense, em Niterói/RJ. Com pós-graduação em Documentação Científica pela UFSC e um Diplomado em Bibliotecas Digitales pela Universidad Católica de Chile. Trabalha no Instituto Guimarães Rosa da Embaixada do Brasil em Santiago.

Coautora do livro *Grano con alma: una ruta con gusto a café* e do movimento @granoconalma, idealizado com sua amiga Elisa Lopes. Seu espírito de servir é notório por acompanhar amigas em diferentes situações. Fez a mentoria Younique Brasil e a Experiencia do Lar Home Experience Chile, está no Grupo de Passos da Igreja Batista Memorial de Alphaville, sempre para servir a Jesus.

dulcecodeco

+56 99817-4547

dulcecodeco@gmail.com

FAMÍLIA

conectada à mesa

10 À MESA COM JESUS

Por Dulce Codeço

A mesa sempre foi para mim um lugar de conexão com minha família, com amigos e convidados. Na mesa, a da minha casa, muitas decisões eram tomadas, situações discutidas e problemas resolvidos, acompanhados sempre de um cafezinho coado que deixava um agradável perfume em toda a casa. Até hoje, quando sinto o cheiro do café, minha memória afetiva remete-me àqueles momentos junto à minha família em torno à mesa. Momentos à mesa que nunca serão esquecidos, principalmente aos domingos, quando estávamos todos em casa e depois do culto da igreja, onde éramos membros, nós nos reuníamos para o almoço familiar e também porque sempre havia um convidado.

Como já perceberam, vim de uma família cristã, servindo a Deus numa igreja Batista de uma cidade do interior do Estado do Rio de Janeiro – Campos dos Goytacazes. Aí nasci e criei-me, uma vida sempre presente na igreja, participante, atuante nos grupos de adolescentes, jovens, em acampamentos e retiros espirituais da igreja.

Nem sempre vivi naquela cidade, ainda jovem fui estudar em Niterói, onde vivi até me formar na Universidade Federal Fluminense (UFF) e começar a trabalhar numa empresa na cidade do Rio de Janeiro/RJ. Hoje sou profissional, bibliotecária, trabalho na cidade de Santiago do Chile, na área cultural do posto da Embaixada do Brasil nesse país.

O momento da mesa de ter a família reunida para as refeições, desde o café da manhã até o jantar, faz parte de minhas reflexões e de histórias que quero narrar neste livro, em que existe uma voz que valoriza aqueles momentos em família em torno à mesa. Recordar esses bons (e alguns não tão bons) momentos à mesa foram construindo minha história. Por isso aceitei esse desafio, e confesso: não foi fácil tomar a decisão em aceitá-lo, conversando com a minha editora, a deste livro, eu lhe disse que tinha uma história para contar porque, hoje, não tenho uma família, tive marido, sou separada, e não tive filhos.

Pensei que seria importante falar para pessoas, com uma história semelhante ou parecida à minha, que a mesa segue sendo um instrumento de conexão para mim, porque Jesus é o meu convidado de sempre, eu espero que você também tenha esse mesmo espírito, de ter Jesus como seu convidado especial para a sua mesa. O que quero dizer é que você coloque um lugar para Jesus na sua mesa e Ele estará com você, pois Ele é o meu e o seu amigo, e está ao meu e ao seu lado sempre. O texto bíblico de que gosto muito e quero deixar aqui para reflexão e para que você o tenha sempre presente na sua vida diz assim: "Não fui eu que ordenei a você? Seja forte e corajoso! Não se apavore nem desanime, pois o Senhor, o seu Deus, estará com você por onde você andar." (Josué 1:9 - NVI). Assim foi que, mesmo depois de já não ter outra pessoa em casa, a minha mesa não ficou vazia, Jesus está ali, esse exercício é importante para o meu crescimento espiritual, a mesa continua sendo a minha história.

Relatar momentos lindos fazem parte da minha história em torno de uma mesa, na minha casa sempre havia mais gente do que éramos, com meus três irmãos, eu e meus pais, uma família de seis pessoas, sempre havia algum convidado, mesmo nos dias de semana, e aos domingos era uma constância. Penso que meus pais, já naqueles tempos, praticavam o "Princípio do Também". Com essa atitude deles, aprendi a ser generosa, a repartir e a respeitar a intencionalidade da mesa.

Falando em intencionalidade, a mesa nos conta sempre uma história, e uma pergunta que está presente numa mesa é "como foi o seu dia?", e assuntos como notícias de jornal, da televisão, de histórias da família, dos problemas, de doenças, notícias alegres, enfim, todas, foram e são comentadas na mesa da minha família. Antes de cada refeição, como ocorre nas famílias cristãs, fazemos uma oração de gratidão por aquele momento de compartilhar a comida preparada para ser servida na mesa.

Quando falo de momentos não tão bons, refiro-me a notícias que não eram boas, por alguma doença grave ou de alguém que ia embora da cidade para estudar fora ou de alguém que ia se casar e não íamos ver constantemente na nossa mesa. Assim ocorreu quando minha irmã mais velha se casou, quando meu irmão foi trabalhar em outro estado, quando minha outra irmã que também se casou e foram morar longe da nossa cidade por causa do trabalho de seus maridos, bem como quando saí da minha casa para estudar em outra cidade. Imagino a dor de meus pais. Mas, Deus tinha outros bons momentos para nos trazer, falo das férias, voltávamos a nos reunir e a estar à mesa, agora, numa grande casa de praia, em que desde o café da manhã até o jantar, desfrutávamos em família a convivência da mesa, ruídos comuns de uma família comum, risadas, conversas um acontecimento engraçado, acontecido na manhã, durante o banho de mar, mais risadas que nos vêm à memória momentos felizes em família.

Depois, fomos abençoados com os sobrinhos, que fizeram parte desses momentos que eles recordam até hoje, encontros marcados em todas as férias de janeiro, até o falecimento de meus pais, quando já não voltamos para aquela casa. Hoje, nos juntamos nas suas casas, nos reunimos à mesa, um legado deixado pelos meus pais.

Voltando à vida, sem ter mais pessoas na casa, é certo que sinto falta sim de ter a mesa cheia, mas como disse anteriormente, o lugar de Jesus está ali, o seu prato, a sua xícara e principalmente a sua Palavra e a oração de gratidão sempre. Sou uma hospedadora, esse é um dos meus dons, é assim que tenho grupo de relacionamento em casa, convido pessoas e nunca deixei de preparar uma mesa bonita mesmo estando sozinha, uma toalha, um jogo americano, um jogo de talheres novos, xícaras, xicrinhas, estão sempre adornando a minha mesa. E como é bom desfrutar de tudo isso, pois Jesus está ali.

Todo o mundo passou pelo tão preocupante e desagradável acontecimento que foi a pandemia, eu, estando sozinha, não deixei, em nenhum daqueles meses que fiquei trabalhando em modo *home work*, de colocar a mesa, tendo Jesus como meu convidado especial. Ali estava Ele comigo porque, naquela mesa posta, havia intencionalidade, que era e é a de orar, agradecer e conversar com meu amigo Jesus. Aqueles foram e continuam sendo momentos preciosos, em que animo a quem me lê, a não deixar nunca de fazer da sua mesa um lugar de crescimento espiritual, de reflexão e de prazer, que se convide Jesus para estar ali.

Nos dias em que tenho grupo de relacionamento na minha casa, preparo a mesa na noite anterior. e veem a mesa posta, se alegram, dedicando-se somente a sentar, desfrutar, conversar, estudar a Palavra e orar.

Todos nós trazemos uma história debaixo da nossa pele, e quando essa história é compartilhada numa mesa, ela se torna mais leve, é quando vemos uma das promessas de Deus sendo cumprida, ditada no texto bíblico, que diz assim: "Entregue seu caminho ao Senhor, confie nele, e Ele agirá." (Salmos 37:5 - NVI).

Recentemente, em 2023, nas conferências chamadas *Target*, realizadas pela Igreja Batista Memorial de Alphaville/SP, o tema principal da conferência foi "Mesa, trilha sonora e uma história", e o conceito para mesa no contexto da conferência foi:

> [...] mesa, é o lugar onde tudo acontece. É onde trocamos experiências, somamos conhecimentos, dividimos nossas histórias, nos apoiamos mutuamente, planejamos juntos e nos suportamos em todas as circunstancias. É onde testemunhamos o poder de Deus em nossas vidas.

Para uma história, o conceito conferencial foi:

> [...] o que Jesus está construindo em nós. É o nosso legado, nosso propósito e nosso papel na comunidade, tanto individualmente como coletivamente. É uma história que se entrelaça com a de cada um de nós, formando uma narrativa única e poderosa.

Todos esses conceitos foram muito bem desenvolvidos pelos preletores convidados, que junto a todos os participantes sentados em mesas espalhadas por todo o auditório, fomos conectados e abençoados pelas palavras a nós entregues.

Talvez eu não tenha muito que contar de histórias ocorridas em família, por não ter tido uma, digo marido, filhos, mas eu trago à minha memória os momentos vividos de minha infância até sair de casa e os que vivo agora quando me junto com meus irmãos nas minhas férias, bem como os que construo na minha casa com amigos e meu grupo de relacionamento. Quero dizer que não ter tido uma família criada por mim não é um impedimento para preparar uma linda mesa, tema que é para mim de grande consideração, participei do Home Experience Chile, tornando-me uma mentora da mesa.

Nunca me senti menosprezada por não ter mais gente na minha mesa, tenho Jesus e Ele é tudo. Minha mensagem para você é que, mesmo que esteja vivendo sozinho, animo-o(a) a preparar sua mesa e que Jesus seja o seu convidado. Deixe a sua mesa preparada para receber e tenha sempre uma intencionalidade, celebre, convide um(a) amigo(a) para comemorar alguma conquista, para desabafar e compartilhar bons (e também não tão bons) momentos das suas vidas.

Quero terminar este meu relato enfatizando o conceito da mesa colocado acima, que é "[...] a mesa é onde trocamos experiências, somamos conhecimentos, dividimos nossas histórias [...]". Que Jesus seja seu convidado sempre. Deus o abençoe grandemente e que você tenha, frequentemente, uma história para contar em torno de uma mesa.

"Nos reunimos à mesa, um legado deixado pelos meus pais."

Dulce Codeço

ELIANE ROSITO

Sou Eliane Rosito, tenho 52 anos, mineira de Caratinga/MG, e atualmente resido em Alphaville, São Paulo/SP. Casada há 28 anos com meu querido esposo Walcris Rosito, com quem namoro há 30 anos. Os melhores e maiores frutos dessa aliança são meus dois filhos: o primogênito João Victor, atleta e estudante de uma Universidade nos Estados Unidos, e o caçula Davi, também atleta e estudante no Brasil.

Sou empresária no ramo do direito empresarial, pastora atuante no Ministério de Família e Eventos, e fundadora do Instituto Social Metanoia Brasil.

Academicamente, eu me formei em Direito e profissionalmente atuei como executiva em grandes multinacionais antes de ter meus filhos.

metanoia.brasil

elianebrosito@gmail.com

FAMÍLIA

conectada à mesa

11 Mesa: lugar de expressar todas as formas de amar

Por Eliane Rosito

Não há dúvidas de que nós amamos nossos maridos e filhos incondicionalmente, mas o que nos falta por muitas vezes é a intencionalidade em demonstrar esse amor. Dentro de casa, não raro, somos muito críticos uns com os outros, temos baixa (ou nenhuma) tolerância, e às vezes somos até implacáveis. Então, a questão não é se amamos ou não, a questão é se temos tido competência para expressar adequadamente nosso amor às pessoas que nos rodeiam.

Pode parecer lógico, mas confesso que demorei bastante tempo, e finalmente aprendi que o amor pode ser demonstrado de várias formas. É isso mesmo, aprendi que o amor tem formas (adequadas) de ser expresso e comunicado. Conheci o livro *As 5 linguagens do amor*, de Gary Chapman, e que amor tem formas distintas de se expressar. O grande ponto não é usar a forma de expressão de amor que eu ache a melhor, e sim usar a forma pela qual o outro se sinta amado. Ludicamente dizendo, não adianta eu estar gritando desesperadamente para alguém: "Eu te amo" na língua alemã, se a única linguagem que essa pessoa sabe falar é o português.

As 5 linguagens, as 5 formas com que o amor se expressa e se comunica são: 1) atos de serviço; 2) tempo de qualidade; 3) presentes; 4) palavras de incentivo; e 5) toque físico.

De uma forma simples, o autor ensina que devo amar o outro da forma que ele se sinta amado e não da forma que eu me sinto amada. E é isso que, muitas vezes, nós fazemos, mesmo que com a melhor das intenções e na (incorreta) certeza de que o outro vai se sentir amado.

Amar demonstra cuidado, respeito, honra, tempo e dedicação, entre outros atributos, mas esses são os principais para mim.

Atenção: no anseio de que nossos filhos e maridos sejam os mais estimados e bem-sucedidos fora de casa, nos seus trabalhos, escolas, ministérios e principalmente nos relacionamentos, nos esquecemos do principal: construir momentos para que as verdades de Deus sejam consolidadas em seus corações, para que aguentem o dia mal e celebrem o dia bom. Pois tudo que fazemos dentro das nossas casas, forma a identidade de cada familiar, constrói uma base forte. Assim, nosso lar deve ser o Porto Seguro de todos que ali moram, e que ao final do dia anseiem voltar para casa, como um lugar de proteção, amor e renovo.

Mesa: um lugar de conexão

Recentemente, tive a felicidade de me tornar uma mentora do Experiência do Lar, após ter sido ministrada pela minha querida amiga Juliana Aguilera. É incrível como essa última formação veio como um complemento de toda minha trajetória e amor em servir, que teve início justamente enquanto liderava equipes nas igrejas e eventos corporativos. Ali aprendi a servir as pessoas com excelência e dedicação, acolhendo-as com carinho, fazendo-as se sentirem amadas e honradas. Assim, quando conheci o Experiência do Lar, sobranaturalmente descobri e discerni que esse olhar, esse comportamento, é justamente o que Deus espera que tenhamos principalmente em nossas casas, com nossas famílias – fazendo da minha casa "o local onde o coração se forma".

Como disse anteriormente, o amor tem a forma correta de se comunicar. E é incrível que a mesa é o lugar feito por Deus no lar, para expressar todas as formas de amor existentes, falar e demonstrar amor na linguagem do alvo (familiar) com sabedoria, sendo intencional.

No caso do meu filho mais velho, quando pequeno, sempre estudava com ele para as provas escolares e fazíamos várias interações, chamada oral, miniprova etc. Tudo de forma muito lúdica, para que ele fixasse e aprendesse da melhor forma para o momento em que fossem testados seus conhecimentos.

Pois bem, no dia da prova, ele não demonstrava nenhuma apreensão, pois havia se preparado para tal. Contudo, chegava em casa, sentávamos à mesa e ele me apresentava o resultado da prova: usualmente eram notas entre 8 e 9 (o que sem dúvida era um fantástico resultado), adivinhe o que eu dizia? "Filho, nota 8? O que você errou para não tirar nota 10? Puxa, você errou essas duas questões que tanto estudamos?... Mas está bom, da próxima vem a nota 10... mas tem que prestar mais atenção."

Mesmo debaixo das melhores intenções, certa de que com minha infeliz e insensível abordagem, focando e destacando os (poucos) pontos negativos de meu filho, eu faria com que ele tivesse resultados ainda melhores nas próximas vezes.

Contudo, o que eu não percebia, ali sentados à mesa, era que, mais do que perder a enorme possibilidade de reforçar a identidade dele, realçando a sua inteligência, o excelente resultado e demonstrando todo orgulho que sentia por ele, eu fazia com que ele se sentisse incapaz, sem a inteligência necessária e, acima de tudo, se sentisse não acolhido e amado.

Com o passar dos anos, ele começou a se chatear com essa minha reação sempre negativa aos seus resultados escolares, e com isso começou a fechar todas as janelas do seu coração para mim, não querendo mais que eu tivesse quaisquer interações nas demais áreas de sua vida, escolhendo se conectar com outros membros da família e, muitas vezes, somente com amigos.

Essa reação despertou em mim um senso muito grande de querer fazer algo para reverter esse quadro, uma vez que inicialmente tínhamos um relacionamento muito bom por ele ter sido o primeiro filho. Justamente para aquele que, pela graça e misericórdia de Deus, tive condições de parar de trabalhar para dedicar a maior parte do meu tempo. Sabia do enorme privilégio que era isso (e que inclusive não pude fazer na mesma proporção para meu segundo filho), e isso me gerava grande frustração.

Não entendia o porquê daquilo estar acontecendo e me questionava: "O que estou fazendo de errado?". Até que um dia, com ajuda do Espírito Santo, fui levada para um lugar de quebrantamento e pude perceber que a forma que eu estava demonstrando o meu amor a ele não era a correta, mais do que isso, minhas ações para ele demonstram justamente falta de amor, e assim, eu estava criando marcas negativas no coraçãozinho dele e em sua identidade.

Então procurei estudos e ensinos, e foi no excelente curso da Universidade da Família, chamado *Educação de filhos à maneira de Deus*, e com ajuda de profissionais como psicólogos e neurocientistas, que passei a entender melhor tudo que estava acontecendo. Descobri que a linguagem de amor do meu filho era "palavras de Afirmação". A partir daquele momento, fui direcionada a prestar mais atenção e amá-lo da forma dele, e não da minha. É incrível que, no mesmo lugar onde eu machuquei tanto meu filho, na mesa, foi lá que ocorreu todo o processo de cura: arrependimento, perdão, confissão e restituição de nosso relacionamento.

Também à mesa é que devemos expressar as outras formas de amor. A expressões do amor conectam-se muito com a mesa, lugar em que amo passar tempo com meus queridos familiares e amigos, e até mesmo fazer atendimentos pastorais.

Isso mesmo, porque não expressamente cuidar de vidas nesse lugar? Pois é à mesa em que podemos ser vulneráveis e abrir nossos corações sem receios de julgamentos e culpabilidades. À mesa podemos ser nós mesmos, nos rasgarmos aos pés do Pai, sem máscaras, pré-julgamentos e falsos conceitos de tudo aquilo que absorvermos no decorrer de nossas vidas. A mesa é um lugar criado por Deus para proporcionar redenção e conexão entre pessoas, como nos ensinou a nossa amada e saudosa Devi Titus.

Outro exemplo de amor expresso à mesa é o do meu filho caçula. Davi é um autêntico *gourmet* e *bon vivant*, aprecia assentar-se à mesa, degustar tranquilamente bons pratos e bebidas diferentes. Dono de um paladar refinado, adora desfrutar as refeições com prazer e sem pressa para o próximo passo a ser dado durante o dia. Adora ser servido durante as refeições, preferindo que as saladas sejam bastante diversificadas e servidas em *bowls*, separadas dos pratos quentes.

Pode parecer capricho, mas como isso faz diferença para ele! Como aprendi e escolhi amá-lo à sua forma e não à minha, estou sempre à procura de novas louças e roupas de mesa para agradá-lo, com pratos diferentes, e muitas vezes testamos juntos novas receitas de comidas e bebidas, criando muitos momentos (e memórias) só nossos, que tenho certeza de que ele terá com os meus netos também.

O que se extrai desse exemplo? O amor expresso (e muito aceito) por meio de "atos de serviço", com o qual o Davi se sente extremamente honrado, prestigiado e, sobretudo, amado. Também o amor evidencia-se por ser o nosso "Tempo de Qualidade". Ali somos só eu e ele (de novo à mesa), e nesses momentos, entre um ingrediente e outro, uma degustação e outra, falamos de tudo, e ele naturalmente abre seu coração e compartilha comigo inúmeras situações, medos, segredos, alegrias etc.

Precisamos ser intencionais dentro de nossas casas e não esperarmos que tudo aconteça como um passe de mágica da noite para o dia. Com meu marido, sempre tento estar em casa na hora que ele chega do trabalho para recebê-lo com um beijo, e dizer: "Que bom que você chegou, meu amor, estava esperando por você."

Isso mesmo, mulheres, não importa quantos anos vocês estejam casadas, estejam em casa sempre cheirosas e não ainda com o mesmo pijama com que eles as deixaram pela manhã... Pode parecer inviável e surreal para nossa rotina tão cheia de compromissos cuidar da casa, dos filhos etc. Mas lembre- se, é com essas palavras e sentados juntos à mesa que você vai expressar amor e honra ao seu marido. E um marido que se sinta acolhido e respeitado é a semente que gerará como fruto um esposo carinhoso, atencioso e um pai afetuoso.

Procure fazer sempre o prato de sua preferência e servi-lo. Sente-se à mesa com ele, ainda que sua dinâmica seja dar o jantar para os filhos mais cedo. Honre seu marido com esses pequenos atos. Lembre-se, além de estar investindo em seu casamento, você está sendo constantemente observada pelos seus filhos. A sua conduta vai impactar diretamente a formação da visão e conceito de casamento e família dos seus filhos para o futuro, afinal, lar é onde o coração se forma e a mesa é o lugar de expressar todas as formas de amar!

Referência bibliográfica

CHAPMAN, Gary. **As 5 linguagens do amor**. 3. ed. São Paulo: Mundo Cristão, 2013.

"LAR É ONDE O CORAÇÃO SE FORMA E A MESA É O LUGAR DE EXPRESSAR TODAS AS FORMAS DE AMAR!"

Eliane Rosito

ELISA LOPES

Sou Elisa Lopes, mineira, vivendo há 26 anos em Santiago do Chile, ao lado do meu querido esposo Antônio Carlos e dos nossos filhos amados, Giovanni e Marcella. Ao longo dos anos, nossa família cresceu com a chegada de Paloma e José Ignacio, nossa nora e genro, que trouxeram ainda mais alegria e amor para a nossa vida.

Minha formação é em Letras, com estudos de mestrado e doutorado na área. Atuei como diretora do Centro Cultural da Embaixada do Brasil no Chile. Atualmente, dedico-me a mentorar mulheres, ajudando-as a descobrirem sua vocação e a desenvolverem habilidades essenciais para construirem relações familiares e interpessoais saudáveis. Para mim, a mesa sempre foi um espaço sagrado, em que se constroem memórias e se compartilham momentos de conexão, de coração a coração.

elisaclopes

granoconalma

homeexperiencechile

youniquebrasilmentoria

elisaclopes@gmail.com

FAMÍLIA

conectada à mesa

12 O SENTIDO DA CONEXÃO À MESA: LEGADO E HERANÇA

Por Elisa Lopes

O cheirinho de café recém-passado sempre preenchia toda a casa, envolvendo o ambiente com um perfume acolhedor e suave. A memória olfativa desse aroma transporta-me de volta à minha infância, no aconchego da casa mineira em que cresci. Em nossa família, sentar-se à mesa para uma refeição não era apenas um hábito, era um ritual. Era comum que a mesa estivesse repleta de iguarias caseiras, acompanhadas de um café bem conversado e regado a risadas e trocas afetivas.

Falar de famílias que se conectam à mesa é, para mim, resgatar essas reminiscências que moldaram minha trajetória desde menina, na minha cidade natal, Belo Horizonte/MG. Em nossa casa, a hospitalidade mineira era algo natural, algo que fluía da alma. Recordo-me com carinho da toalha de mesa vermelha, bordada à mão em vagonite por minha querida mãe, com seus biquinhos de crochê, que cuidadosamente decoravam os almoços de domingo.

Ao redor daquela mesa, conversávamos, ríamos e, muitas vezes, escutávamos histórias da família, algumas divertidas, outras mais sérias, mas todas importantes para nossa formação. Ali, não havia espaço para palavras duras ou discussões acaloradas. Em vez disso, o ambiente era regado por orações de gratidão, pela provisão e pela união familiar. Curiosamente, a mesma mesa que acolhia nossas refeições também se tornava o espaço para diálogos sérios, conversas que, nem sempre agradáveis, eram necessárias para o nosso crescimento pessoal. Foi somente quando formei minha própria família que compreendi o verdadeiro valor e o legado que meus pais nos deixaram. Convido você a se juntar à nossa história, puxe uma cadeira, sinta-se à vontade. Você é sempre bem-vindo à nossa mesa.

É verdade que, quando se é criança, muitos dos valores familiares são assimilados sem que percebamos. Quando me casei, levei comigo muitos dos ensinamentos que aprendi à mesa da minha infância. Eu sabia que a mesa deveria ser um lugar de acolhimento, um espaço de conexão, e não apenas mais um móvel decorativo no nosso lar.

Ao iniciar minha vida ao lado do meu esposo, os belos panos de prato bordados, presentes carinhosos de Dirce e Débora – minha mãe e sogra – já faziam parte do nosso novo lar. Mas, como todo início, não foi sem desafios. Quantas vezes me peguei pensando: "Para que colocar a mesa se podemos comer no sofá?" ou "Estou tão cansada, será que não posso simplesmente levar uma bandeja e comer na cama?" Concordo que, em mais ocasiões do que gostaria de admitir, cedi a esses pensamentos. A correria do dia a dia, o cansaço e a procrastinação muitas vezes faziam-me sucumbir ao desejo de não arrumar a mesa.

Contudo, ao longo dos anos, comecei a perceber o poder que reside nos pequenos gestos. Sentar-se à mesa, de forma consciente, começava a criar uma sensação de pertencimento em nosso lar. Sim, dava trabalho, mas o desejo de promover essa conexão familiar superava o cansaço. Passei a cuidar dos detalhes – velas, flores, louças bonitas – transformando o simples ato de comer em uma experiência significativa. Embora meu esposo, por conta do trabalho, raramente almoçasse em casa, eu fazia questão de arrumar a mesa do café da manhã e do jantar. Esses pequenos rituais diários, aos poucos, foram transformando nossa mesa em um lugar sagrado. Não esperávamos por datas especiais para usar as melhores louças e toalhas, todos os dias tornavam-se uma celebração das nossas pequenas conquistas diárias.

A organização da mesa trouxe, além de beleza, uma surpreendente dose de paz e ordem ao nosso cotidiano. O ditado "um lugar para cada coisa, e cada coisa em seu lugar" passou a fazer sentido para mim de uma forma nova. Mantendo a mesa organizada, eu ganhava tempo, algo tão precioso em meio às exigências diárias de uma vida agitada. Mais do que isso, essa organização proporcionava leveza ao ambiente familiar. As visitas frequentemente comentavam: "Há algo especial no lar de vocês, dá vontade de ficar à mesa o dia todo". Sabíamos que, mais do que a estética ou o conforto físico, o que realmente tornava nosso lar especial era a presença de Cristo. Ele era – e continua sendo – a rocha sobre a qual estávamos construindo nossa casa.

Com o nascimento dos nossos filhos e a mudança para o Chile, enfrentamos uma nova temporada de desafios. Adaptarmo-nos a um novo país e a uma nova cultura não foi fácil, mas mantivemos o foco no que era essencial: o cuidado com nosso lar e, claro, com a nossa mesa. Estávamos criando, para os nossos filhos, Giovanni e Marcella, as mesmas memórias afetivas que nossos pais nos haviam deixado. Embora estivéssemos distantes de nossas raízes, continuávamos a honrar nossas tradições mineiras por meio da culinária e do carinho com que preparávamos cada refeição. Mais do que fazer uma receita, eu as estava personalizando e recriando memórias, como: o pudim da vovó Débora, o pavê de abacaxi da vovó Dirce, o frango com casquinha da tia Eloisa. Cada prato trazia consigo uma história, uma saudade e, ao mesmo tempo, um aconchego. Estávamos externalizando, à mesa, o que carregávamos em nossos corações: a saudade de casa e o amor por nossa família.

Lembro-me com gratidão da época em que trabalhei fora, convivendo com a cultura laboral chilena. Mesmo nessa fase, consegui manter os hábitos que traziam conexão à mesa, com a ajuda de pessoas queridas que me apoiaram nessa jornada. Essas práticas iam além de regras; eram demonstrações conscientes de amor e respeito. Por exemplo, nossos filhos sabiam que esperar todos terminarem a refeição antes de se levantar da mesa era um sinal de cortesia, algo que simbolizava a importância da presença de cada um. No entanto, percebi que essa atitude de cuidado com a mesa deveria vir primeiramente de mim. Era minha responsabilidade criar esse ambiente e não poderia delegá-la a ninguém.

Com o passar dos anos, a vida familiar foi se expandindo, e o tempo à mesa passou a incluir mais do que apenas as refeições. Aos sábados, meu marido, com sua sensibilidade e desejo de criar momentos memoráveis, instituiu uma "dinâmica virtuosa" familiar. Antes do almoço, preparamos um aperitivo e nos reunimos ao redor da mesa de centro na sala. Esse é um momento de pura comunhão. Conversamos sobre como foi nossa semana, fazemos uma leitura bíblica e, o mais importante, cada um tem a oportunidade de abrir o coração e compartilhar seus pedidos de oração. Esse momento tornou-se um dos nossos maiores tesouros, pois essa maneira mais íntima e sincera nos permite conectar uns com os outros e com Deus.

Hoje, nossos filhos estão formando suas próprias famílias e é uma alegria vê-los honrando o legado afetivo que receberam e que eles geraram um modelo. Eles certamente criarão a sua própria dinâmica, mas as lembranças dos momentos vividos ao redor da mesa e em família permanecerão. Sabemos que a mesa posta começa antes de nos assentarmos nela, quando nos levantamos, cumprimentamos a família e assim nos preparamos para amar quem Deus nos chama para cuidar e servir.

Tenho aprendido que praticar é a melhor forma para aprender algo e desenvolver a habilidade de fazê-lo com excelência. E com a mesa não é diferente. Posso diversificar a maneira de colocar a mesa, mas o mais importante é observar sempre a intenção do meu coração: por que estou fazendo, com que propósito? Uma refeição comum pode se transformar em uma experiência memorável, em que o alimento físico e o emocional se encontram, em que o Pão da presença, Jesus, nos acompanha, em que cada membro da família e convidados são acolhidos e cuidados.

Atualmente, estou vivendo um novo capítulo da minha trajetória como mentora da Home Experience no Chile. Deus chamou-me para dar início a este ministério neste país que nos acolheu há 26 anos. Este tem sido um novo tempo para rever conceitos, fazer reajustes, mudanças, renovar e adquirir novos hábitos à mesa. Tem sido uma preciosa oportunidade para ativar o que de alguma forma estava um pouco adormecido dentro de mim. Com uma sabedoria prática, essa mentoria convida-me a revisitar primeiro a minha vida, a passar os princípios bíblicos sem hipocrisia, mas com integridade. Devo viver o que ensino para depois convidar outras mulheres para assentar-se à minha mesa, onde compartilho como construir um lar de amor e paz. Tirar a máscara da mulher perfeita, viver na dependência de Deus e olhar para os meus próprios defeitos tem sido um grande desafio que abraço todos os dias confiando na graça do nosso Deus. As sementes estão sendo lançadas em solo chileno e já começamos a ver os frutos para a glória de Deus. Desejo e oro para que muitos lares possam dizer: "Eu e minha casa serviremos ao Senhor." (Josué 25:15).

Você tem buscado deixar um legado geracional? O nosso exemplo sempre será a melhor forma de ensinar. Quando estamos à mesa podemos contar os milagres de Deus nas nossas vidas, convidando pessoas a confiarem nas palavras de Salmos 128:1-3: "Como é feliz quem teme o Senhor, quem anda em seus caminhos! Sua mulher será como uma videira frutífera em sua casa; seus filhos serão como brotos de oliveira ao redor da sua mesa."

Não perca mais tempo, ponha a mesa, chame a família, seja qual for a situação, faça a sua parte. Deus fará o milagre acontecer. A essência do que ensinamos hoje à mesa deixará marcas eternas para a nossa descendência. O seu acolhimento fará a diferença. O amor nos chama e precisamos ir; colocar a mesa é parte fundamental para que o vínculo emocional em família aconteça. Que cada refeição compartilhada seja uma oportunidade de transmitir amor e cuidado, e que a mesa continue sendo um espaço de conexão, onde vidas são entrelaçadas e histórias são contadas. Que a mesa de sua casa seja um lugar em que o amor, a paz e a presença de Cristo sejam sempre bem-vindos, e que, ao redor dela, você construa memórias que durarão para sempre.

"A ESSÊNCIA DO QUE ENSINAMOS HOJE
À MESA DEIXARÁ MARCAS ETERNAS
PARA NOSSA DESCENDÊNCIA."

Elisa Lopes

ESTER TEIXEIRA

Ester Teixeira, filha e serva de Jesus Cristo. Nascida em Governador Valadares/MG, em 2 de fevereiro de 1970, resido em Belo Horizonte/MG há 31 anos, com a família amada: meu marido Caiser Teixeira, com quem sou casada há 33 anos. Temos dois filhos: Marcela, casada com Ciro, e Guilherme, casado com a Érika. Somos avós da Giovana e do Arthur (filhos de Marcela e Ciro).

Sou formada em Design de Interiores e Dança.

Atuei por 35 anos como coordenadora de artes e empresária do ramo de artes, sendo produtora e roteirista de grandes musicais bíblicos da 8ª IPBH e produções temáticas da empresa IDE Núcleo de Arte e Dança. Atualmente, trabalho como palestrante e mentora de mulheres.

Ministro *Experiência do Lar* desde 2021, sou facilitadora e coordenadora do curso *Mulher Única* (UDF/ 8ª IPBH), desde 2018.

ester.cteixeira

+55 (31) 99991-5052

esterg82010@hotmail.com

FAMÍLIA
conectada à mesa

13 Entregue e descanse

Por Ester Teixeira

"Eis que estou a porta e bato, se alguém ouvir a minha voz e me deixar entrar, eu entrarei em sua casa, farei morada e cearei contigo!" (Apocalipse 3:20). O nosso Deus pede permissão para entrar em nosso lar, não entra sem ser convidado!

Quando a família se assenta ao redor da mesa e entende que a presença de Jesus pode mudar o contexto da sua história, Ele se faz presente e coisas sobrenaturais acontecem, pois onde Jesus está há cura, perdão e descanso! Por muito tempo, as famílias não entendiam o sentido de se conectarem à mesa e muitos pensavam ser um ritual para ricos e nobres, em que a família se assentava à mesa, somente em momentos de comemorações, e, nesse evento, o maior sentido era arrumar uma mesa bonita, com louças refinadas e apropriadas para a grande comemoração!

Esse ritual está sendo quebrado, graças ao entendimento do verdadeiro sentido que a família está descobrindo ao assentar-se à mesa com todos juntos! Podemos sim nos conectar em grandes comemorações... mas o principal é quem estará presente nessa mesa, quem será o convidado de honra, e isso tem se revelado ao longo dos anos, de acordo com o conhecimento da palavra de Deus. As famílias começaram a entender o propósito de se assentarem com todos juntos à mesa e o quanto isso faz diferença na construção de um lar saudável!

A mesa é um lugar de comunhão, alegria, paz e boas gargalhadas! Mas a mesa também é um lugar de cura, restauração e perdão! Não importa o valor da louça, a quantidade de vasilhames e nem a comida que será servida. O que precisamos entender é o valor de paz, harmonia, aconselhamentos e entrega que podem acontecer quando a família se conecta e permite-se viver nesse ambiente.

A conexão à mesa traz a certeza e o posicionamento dos papéis da família em seus devidos lugares, de acordo com o propósito de Deus para cada membro. Os filhos crescem saudáveis, olhando nos olhos porque aprendem a conversar, escutar e ter segurança no assunto; o marido assenta-se no lugar de honra, onde toda a família o respeita e o enxerga como sacerdote do lar; a esposa posiciona-se como guardiã e protege o lar sabendo que seu papel de auxiliadora é fundamental nesse lar!

Estamos vivendo um tempo em que os papéis estão sendo invertidos e famílias destruídas por falta de amor e respeito nos lares. Essa falta de amor tem trazido dor e separação entre as famílias!

Precisamos, enquanto mulheres, nos posicionarmos dentro dos nossos lares e sermos intencionais, criando estratégias de união e amor... voltarmos a viver momentos extraordinários que foram criados por Deus para a família! Quando assumimos o nosso papel de guardiãs do lar, nos posicionamos de acordo com o propósito que Deus tem para a mulher e esse lar transforma-se automaticamente um lugar de paz e harmonia!

O papel da mulher é fundamental nessa conexão da família, ela tem a essência e a porção que Deus deu, exatamente na medida certa para restaurar a união dentro do lar. Não precisa ter medo de se posicionar, basta apenas abrir o coração, sair da zona de conforto e se dispor, pois grandes coisas Deus tem para fazer em um lar em que a mulher entende o seu papel de auxiliadora segundo os planos de Deus para a sua família!

A mulher é o alicerce do lar, precisa estar com a mente saudável. "Tudo o que for bom, perfeito e agradável seja isto que ocupe o vosso pensamento" (Filipenses 4:8).

Essa mente saudável implica ter um coração humilde e disposto a obedecer a Deus!

Essa mente saudável implica não se contaminar com o outro e buscar a leitura da palavra diariamente.

Essa mente saudável implica aceitar os seus erros, acertar e avançar.

Essa mente saudável refere-se ao tipo de mulher que você escolhe ser e ao legado que quer deixar para a sua família, independentemente do sofrimento ou luta que esteja passando. É preciso descansar em Deus e trazer equilíbrio e paz para o lar!

Muitas situações difíceis acontecem na família e o que traz a falta de respeito, contendas e brigas é justamente um lar desajustado, regado de cobranças e falta de perdão.

O lar é onde Deus habita. Deus ama a família. A família é uma instituição formada por Deus, precisamos lutar por nossas famílias, deixar Deus agir dentro do propósito dEle e alinhar as nossas expectativas de acordo com as expectativas que Deus tem para nós, assim conseguiremos ver a transformação e a paz nos lares.

A nossa segurança não deve estar em posses, dinheiro e inteligência humana. Sabemos que essa provisão vem do Senhor, mas não deve ser a nossa prioridade, pois tudo isso é passageiro e não nos conecta com o que Deus tem de propósito para a nossa vida! O trabalho é honroso quando entendemos o sentido de Deus ter nos colocado naquela posição, naquele ambiente. Por isso, é preciso não negligenciar e nem fazer de qualquer jeito o trabalho que Deus colocou em nossas mãos.

É preciso saber administrar corretamente as bênçãos materiais que recebemos, pois quando não administramos bem nossas posses, podemos nos desfalecer e sermos desonrados pelo próprio trabalho. "Muito bem, servo bom e fiel! Você foi fiel no pouco; e eu o porei sobre o muito. Venha e participe da alegria do seu Senhor!" (Mateus 25:23).

Todos os aprendizados e as orientações acima têm a ver com a família conectada à mesa! Por quê? Porque quando a família se respeita e se conecta à mesa com papéis e princípios bem definidos dentro do seu lar, há uma esperança e força em ser respeitosa e dependente de Deus! Vivemos num tempo em que esses valores se perderam. O certo virou errado e o errado virou certo!

Para muitas famílias, não existe diálogo, não existe o caminhar e lutar juntos, não existe passar por tribulações e se conectar com Deus dentro do seu lar! Muitos jovens, adultos e até idosos preferem passar por lutas com estranhos, porque dentro da família existe uma incompatibilidade de ideias, princípios e valores. O fato de as ideias serem diferentes fez com que as famílias perdessem a paciência de se comunicarem dentro de casa, dificultando essa conexão e ficando mais fácil recorrer a alguém de fora, que não sabe da história e irá escutar os problemas sem acusações! Ou então se fecha em um mundo individual de dor e amargura!

É preciso voltar ao primeiro amor... é preciso voltar à essência de Deus e resgatar o respeito, confiança e amor dentro dos nossos lares! Precisamos resgatar o valor da família e entender que, mesmo havendo diferenças de ideias e opiniões, somos filhos de um mesmo Deus, que acolhe, perdoa, transforma e resgata o nosso lar!

Quando chegam as lutas, as diferenças, a família precisa se unir e não separar, pois onde há unidade, ali Deus estará presente! A unidade está ligada diretamente à comunhão com Deus, por isso é importante trazer a família para perto de Deus, para a **dependência** de Deus, essa presença poderosa vai nos dar força, comunhão e paz dentro da família.

Só Deus é capaz de restaurar e transformar as dores! Ele é especialista em resolver problemas quando o convidamos a entrar na causa e o deixamos intervir na situação! Ele é capaz de trazer descanso para a alma e mesmo em meio a dores conectar a família para o verdadeiro sentido que é estar na dependência de Deus!

Vou trazer um testemunho que eu e minha família vivemos e como foi fundamental a família estar **conectada em Cristo**. Em setembro de 2023, minha família passou por uma enfermidade com nosso neto Arthur (na época com três meses de idade), algo inesperado que foi se agravando. Pela manhã, meu neto foi ao hospital para tratar de uma bronquiolite e à noite estava na UTI, entubado e totalmente desacreditado pelos médicos. Momento de desespero, dor e muita tristeza.... Ele estava entre a vida e a morte! O choro, o medo e a incerteza tomaram conta do meu coração. Eu não conseguia acreditar no que estava acontecendo!

Numa noite, quando a família estava reunida, tentando se alimentar ao redor da mesa, iniciamos um momento de oração, cada um espontaneamente fazia uma oração regada de muito choro. Todos sabíamos que Deus estava conosco, mas a dor era mais forte do que podíamos suportar e apertava o nosso coração! Quando finalizei a minha oração, regada de lágrimas, clamando por misericórdia, Deus derramou um bálsamo de paz inexplicável em meu coração e eu comecei a cantar uma música baixinho que fala assim: "**Enquanto eu descanso em Deus, Ele me dá tudo de que eu preciso, descansar... confiar... entregar...**" (Salmos 62:5-8).

Logo depois, continuamos com esse canto e, naquele momento, Deus trouxe paz ao meu coração e a certeza de que Ele estava cuidando do meu neto, de que eu precisava descansar e entregar essa causa para Ele. Eu sabia que Deus estava no controle, mas não havia entregado a situação para Ele. Quando estamos passando pelo vale da morte, é muito difícil descansar, é uma dor imensurável, e só Jesus é capaz de trazer alívio e nos fazer enxergar a luz!

E, naquele momento, eu pude sentir a presença de Deus e enxergar essa luz!

Quero encorajar você a ter reuniões de oração com sua família ao redor da mesa, quero encorajá-lo(a) a convidar Jesus para fazer morada em seu lar. Ele é capaz de trazer descanso e paz! Não importa a situação em que esteja vivendo, assente-se à mesa e traga o seu convidado de honra para estar presente, curar e descansar seu coração ferido.

Passamos por dias difíceis, mas as orações ao redor da mesa fizeram toda a diferença para acalmar o meu coração. Eu me senti acolhida por Deus e a paz e o descanso amenizaram o sofrimento!

Arthur, nosso guerreiro, "seja forte e corajoso" (Josué 1:9). Ele ainda ficou 18 dias internado, 11 dias no CTI e depois recebeu alta, para honra e glória do nosso Deus, foi totalmente curado e está "crescendo em graça e sabedoria diante Deus e os homens" (Lucas 2:52).

Assente-se ao redor da mesa com sua família, convide o Senhor Jesus para fazer morada em seu lar e estar com vocês. Entregue suas lutas e descanse!

Jesus deve fazer morada em nosso lar e ser sempre o nosso convidado de honra!

Ele cura, restaura e pode mudar a história da sua família!

"Eu e minha família serviremos ao Senhor." (Josué 24:15).

"Convide o Senhor Jesus para fazer morada em seu lar e estar com vocês! Entregue suas lutas e descanse!"

Ester Teixeira

Familia

FLAVIA SANTOS

Sou Flavia Santos, natural de Belo Horizonte/MG, resido em Betim/MG, casada com Fernando Santos, mãe da Flaviana, Fernanda e Augusto, e avó da Maria. Funcionária pública há 33 anos, formada em Gestão Hospitalar.
Especialista em Mesa Posta pelo IEP, Escola de Etiqueta, Divino Arranjo, empreendedora da mesa posta, palestrante Conamesa 2024, título de revelação da mesa posta 2023. Mentora do método Vikinha e idealizadora da Vikinha Mesa Posta, com serviços de consultorias de etiqueta à mesa, *workshops* e cursos em que já foram alcançadas mais de 300 mesas e 1.200 horas de consultorias ao redor da mesa. Recentemente, recebi o título de embaixadora do Congresso Mesa Posta Brasil 2025. Mentora na área do desenvolvimento de mulheres, levando o princípio da mesa, resgatando o hábito da mesa e transformando as famílias. Essa é minha missão.

vikinhamesaposta

+55 (31) 99396-5226

vikinhamesaposta@gmail.com

FAMÍLIA
conectada à mesa

14 Mesa e lugar de pertencimento

Por Flavia Santos

Quando criança, nunca vivenciei a mesa na minha casa. Era uma criança muito pobre que, por muitas vezes, não tinha alimento e nem mesmo mesa, pois a casa era de lona ou madeira. Muitas vezes, minha mãe tinha que fazer a escolha de ficar com fome para partilhar com os cinco filhos o que tinha naquele dia. O sono era nossa companhia nos momentos de fome; ela dizia: "Dorme, que a fome passa".

Lembro-me dela saindo todos os dias em busca de trabalho para trazer o alimento que conseguia. Era uma festa vê-la cozinhar em seu fogão à lenha o que tinha para aquele dia. Muitas vezes, eram doações ou sobras de comida de onde ela trabalhava. Era uma festa quando chegava com o alimento, e todos ficávamos ali juntos, dividindo o momento, assentados no chão. Lembro até hoje do meu prato branco esmaltado, que aquecia minhas mãos pequenas, mas era tão gostoso o que estava nele que não me importava com o calor.

Construímos uma horta, em que plantávamos e dela tirávamos o nosso alimento. Já não passávamos mais necessidades; tínhamos uma casa de madeira, uma horta e uma mãe que cuidava de nós, além de uma mesa vermelha que ela ganhou. Lembro-me dela até hoje e das banquetas de madeira; as refeições já não eram mais sentadas no chão.

O tempo foi moldando nossa história. Crescemos; dois irmãos morreram, e continuamos nós três, ao lado de minha mãe. Casei-me com Fernando e já tinha decidido que teria uma mesa grande e muitos filhos ao redor dela, com muita fartura, uma típica mesa de mineiros.

Atualmente, tenho um lar para onde todos amam retornar. Tenho quatro mesas que estão sempre rodeadas pela minha família e amigos. Temos mesas de café da manhã que iniciam pela manhã e continuam ao longo do dia, apenas trocando as refeições. Meus filhos sempre dizem que nossos encontros à mesa são um evento. Amo receber as pessoas, sempre procurando agradá-las com refeições gostosas, fazendo com que os encontros à mesa criem memórias afetivas, alimentando o físico e o vínculo.

Como a família e os amigos costumam dizer, as mesas da tia Flávia são deliciosas. Amo ver minha família em volta da mesa, filhos conversando, esposo sempre ali mediando os assuntos e contando histórias. Quando percebo esse momento, fico olhando de longe e tenho a certeza de que percorri o caminho certo e que estou deixando um legado de harmonia e afeto. Hoje sei que pertenço a esse lugar de honra e dignidade, pois a mesa resgatou o sentimento de valor e pertencimento. Não conhecia a mesa como móvel de transformação e só compreendia a mesa como lugar de alimentar o físico e agradar o paladar.

Por muitos anos, nutri o físico e o paladar com maestria e excelência, por meio de encontros à mesa memoráveis: aniversários, cafés da manhã, chás da tarde, churrascos, casamentos e encontros. Não havia aprendido ainda o princípio da mesa em um lar, até que a mesa me foi apresentada novamente em um momento de dor e resiliência.

Em 11 de março de 2020, a pandemia do covid-19, trouxe perdas de familiares e financeiras e um período de ressignificação de comportamentos e vivências familiares. Foi quando perdi minha irmã Ângela. Nesse período de grandes conflitos internos, fui presenteada com a Vikinha Mesa Posta. O nome Vikinha Mesa Posta deve-se a um apelido de infância dado pelo meu irmão Sandro, um apelido que, por anos tive aversão, pois me trazia memórias doloridas da infância. Lembro-me das exatas palavras de nossa última ligação: "Amanhã irei tomar um café da manhã com você assim que sair do plantão para lhe dar um abraço". Fiz uma bela mesa posta para recebê-la, mas o abraço não aconteceu; um infarto fulminante a levou.

Nasceu uma nova missão para minha vida: receber em belas mesas postas não é mais um ato sem intencionalidade. Recebemos no hospital onde trabalhava uma equipe de americanos que vieram ao Brasil estudar dois casos de grávidas com covid-19 que estavam internadas. A equipe permaneceu por dez dias no hospital. O secretário de saúde, que era meu chefe, deu-me a missão de recepcioná-los. Missão cumprida com maestria; ficaram encantados com a hospitalidade e as mesas que tinham a cara de Minas Gerais, mesas temáticas e com louças lindas do meu acervo.

Nesse período, vários profissionais acompanharam os estudos, entre eles amigos de trabalho. Os elogios foram muitos e despertaram o desejo das minhas amigas de fazer mesas para suas famílias quando não estavam de plantão. Para nós, da área da saúde, sair era uma despedida e retornar era sempre uma oportunidade de dizer "eu te amo". Foi quando perceberam que não tinham mais louças e tudo sempre ficava por conta de ajudantes em seus lares, pois eram dias e dias no plantão. Então comecei a emprestar minhas louças para as amigas de trabalho montarem mesas em suas casas, pois eu tinha um acervo grande, já que meu esposo tem uma empresa de eventos, a Áudio Mídia, e sempre recebíamos muitas pessoas em casa. Mas, com a pandemia, ele foi o primeiro a parar de trabalhar e o financeiro foi muito afetado.

Um belo dia, organizando a casa, resolvi pedir minhas louças de volta. Para minha surpresa, ouvi de mais de uma amiga: "Não devolvo, quero comprar". Todas as peças que havia emprestado eram de memórias afetivas; entrei em pânico com a possibilidade de não me devolverem. Nasceu então a ideia de fazer um negócio: comprar louças e vender para elas, ajudando meu esposo nas despesas de casa.

A ideia já tinha tomado forma em meus planos. Com uma lista em uma folha de caderno nas mãos, sabia o que precisava comprar, mas sem nenhum dinheiro na conta. O mais desafiador estava por vir: convencer o esposo. Ele me chamou de louca, dizendo: "Comprar prato em plena pandemia?". Mas eu estava determinada a fazer o negócio; entrei em oração na madrugada e pedi ao Senhor que me mostrasse o caminho. Se fosse de Sua vontade, Fernando iria me apoiar.

Ao amanhecer, fiz uma mesa de café para nós dois e voltei ao assunto, já que havia conversado com Deus. Levei-o até meu louceiro e mostrei que minhas peças estavam emprestadas e que as colegas de trabalho queriam comprá-las. Ele ficou chocado, perguntando onde estavam minhas peças, pois ele também ama louça. Então, disse a ele que era o momento de fazer um negócio para ajudá-lo. Ele ficou parado na minha frente, olhando-me em silêncio; quase morri de ansiedade. Após alguns minutos, veio um sonoro "sim". "Vou levar você para comprar as louças, mas não vou nem descer do caminhão, porque se não der certo, não tenho como lhe ajudar. As minhas reservas são para as despesas da casa". Então, logo em seguida, veio a pergunta fatal: "Você tem dinheiro, Flavia, e está escondendo de mim?".

Não sabia o que responder. Era louca? Sem dinheiro e querendo abrir um negócio de vendas de louças. Quando pedi o direcionamento por meio das orações, o Senhor disse: "Vou lhe mostrar o caminho e você coloca os pés". Logo pela manhã, recebi, por uma das minhas mentoras de mesa posta, uma live em que ela falava sobre a Santa Cheia, o ato de servir e que Jesus nos ensina muito sobre partilhar e sobre o cuidado. Ele poderia fazer tudo, mas preferiu sentar-se à mesa com quem Ele amava e serviu até Judas. À tarde, outra mensagem de outra mentora mostrou uma pesquisa que dizia que o mercado de mesa posta cresceu em 30 dias o que levaria cinco anos. O momento era aquele para investir na mesa posta. Não tive dúvida e respondi prontamente a Fernando que tinha um investimento no banco que poderia resgatar. O investimento era um empréstimo que fiz assim que ele me disse que iria me levar para comprar as louças. E saímos para as compras com a lista na mão.

Comprei os itens necessários. O Senhor preparou dois anjos para me orientar na cidade, que se tornaram amigas. Fiz as compras e vendi tudo em menos de 30 dias. Tornei-me "maleira" de louças por quatro meses e surgiu a ideia de fazer o consórcio de mesa posta da Vikinha, que proporcionava às mulheres terem uma mesa posta completa. Mas eu ainda tinha uma inquietude ao ver que elas tinham muitas objeções e dores em relação ao servir à mesa em suas casas e não saberem como trazer suas famílias para a mesa, pois criamos ilhas dentro de casa, perdendo o hábito da mesa em família.

A cada dia, chegavam ao consórcio mulheres de níveis sociais e financeiros diferentes, e todas muito machucadas e sobrecarregadas. Foi quando resolvi virar o jogo; não era mais só sobre louças, tinha que ajudar essas mulheres. Fui buscar conhecimento e tornei-me uma profissional preparada para mudar essa realidade. Hoje, juntas, somos mais de 300 mesas alcançadas e 1.200 horas de experiências ao redor da mesa, pois presenteio minhas consorciadas com uma consultoria premium, em que elas aprendem a dignidade de uma mesa no lar.

Por meio dessa nova missão, tenho alcançado e transformado mulheres em guardiãs de seus lares, entendendo que o hábito da mesa pode resgatar nossos relacionamentos familiares que estão se perdendo. São tantas histórias fantásticas de mulheres comuns como eu e você, que está lendo este capítulo e que deseja viver essa experiência à mesa com sua família, olhando nos olhos e simplesmente perguntando como foi seu dia, orando de mãos dadas com seu esposo pelo relacionamento, tendo tempo de qualidade na mesa de sua casa, esperando seu filho com lugar à mesa especialmente para ele, fazendo uma mesa de chá da tarde para sua filha e mostrando a ela que uma mulher merece ser cuidada, ser feminina, ser uma mulher sábia. O mundo está usurpando nossa família e precisamos estar preparadas.

Por isso, convido a vocês que se deliciaram deste capítulo sobre mais uma família que sempre se conectou por meio da mesa, a fazerem mesas acolhedoras cheias de amor para suas famílias, independentemente das louças, pois mesa é lugar de pertencimento, resgatando os valores e a dignidade de pessoas quando ofertamos o lugar de honra em nossa mesa. Experimente ofertar o seu melhor e verá o milagre acontecer em seu lar.

"Eis que estou à porta e bato. Se alguém ouvir a minha voz e abrir a porta, entrarei e cearei com ele, e ele comigo." (Apocalipse 3:20).

"Esteja pronta para oferecer à mesa uma experiência de cura e conexão. Não há espaço para correção onde o amor prevalece."

Flavia Santos

GISELDA SATHLER

Sou Giselda S. C. Sathler, casada com Moisés Sathler Berbert (pastor) há 34 anos, tenho 2 lindos filhos: David Brainerd S. S. Berbert, 25 anos, solteiro, e Jonathas Edward S. S. Berbert, 29 anos, casado com Gabriela Berbert há 1 ano e 9 meses.

Sou pedagoga, escritora e palestrante. Graduada em Pedagogia, MBA em Gestão de Pessoas e Liderança Estratégica no Centro Universitário Newton Paiva; formação em *master coach* Integral Sistêmico pela Febracis mentora da Experiência do Lar (com mentoradas em mais de 20 países, em 3 continentes) e mentora de Mentoras, guardiã do lar, idealizadora e fundadora dos projetos: Virtuosa, Chá das Cinco e Escola da Mulher Virtuosa.

Atuei como professora, pedagoga, supervisora escolar e gestora escolar de 1995 a 2005. Eclesiasticamente, atuo como líder de casais há 23 anos. Atualmente, ajudo mulheres a expandir o Reino de Deus no Brasil e outros países, através da Experiência do Lar, para o avanço do Reino.

giseldasathler

+55 (31) 97513-4040

giselda.sathler@gmail.com

giseldasathler.com.br

FAMÍLIA
conectada à mesa

15 A mesa que nos une

Por Giselda Sathler

A mesa, símbolo de união

Desde que me lembro, a mesa sempre teve um lugar especial em nossa família. Por volta dos meus 4 ou 5 anos, comecei a perceber, com mais nitidez, a importância dos momentos ao redor dela. Minha mãe acordava-nos toda manhã, dizendo: "Acorda, Giselda!" E também chamava um por um dos 12 filhos! E, meio sonolenta, eu perguntava: "O que foi, mãe?" Ela, com ternura, respondia: "Está na hora do culto doméstico." Esses momentos eram conduzidos por meu pai, que, com paciência e sabedoria, nos ensinava a memorizar versículos bíblicos, Salmos, os 10 mandamentos e outras passagens bíblicas. A mesa era, assim, um verdadeiro altar familiar, em que a fé era compartilhada. Mais do que local de refeições, era o espaço em que aprendemos sobre o amor de Deus e laços familiares.

1. Memórias da infância: refeições em família

Meus pais faziam questão de reunir a família ao redor da mesa para as refeições, até as crianças se sentavam com os adultos. Não era permitido criança sentar-se no chão e nem comer fora da mesa, naquela época morávamos na fazenda, não tínhamos TV, nem *smartphones*, então a concorrência era menor (risos), mas isso não pode ser um impedimento para o mundo moderno fazer refeições à mesa, pois é um ato de amor à família. Quando maior, lembro-me de que nossa família também se reunia à mesa para comemorar os aniversários dos filhos, minha mãe fazia quitandas. Sabe o que é quitanda?

No dicionário temos várias informações, mas essa se aplica ao nosso conceito. O termo se refere, no Brasil, especialmente em Minas Gerais, ao conjunto de doces, bolos e biscoitos feitos em casa. Então, como sou mineira, o termo é bem nosso, mamãe fazia quitanda, bolos, biscoitos de polvilho, broas, rosquinhas, assados no forno de brasa (parecido com o forno que assa pizza hoje). Depois de prontos e frios, eram guardados em recipientes certos para serem usados nos cafés durante a semana, já que não tinha padaria por perto, e a família era grande. Ela fazia também doces diversos: doce de leite e de frutas, mamão, figo, sidra, doces moles e cristalizados, hum! Só de me lembrar dá água na boca, e minha irmã habilidosa na culinária, Odilma, fazia bolos de aniversário. Aprendeu com Dona Sassá (Maria Sarmento), esposa do reverendo Daniel Perroud, são um casal amigo da família.

Só a família já era uma festa, éramos muitos irmãos, mas o coração dos meus pais sempre foi grande, generoso e hospitaleiro, então sempre tinha um prato a mais à mesa. Convidávamos os primos, tios, irmãos da igreja, e o encontro improvisado tornava-se uma festa com louvor, adoração e gratidão a Deus pela vida e com muita comida saborosa.

Papai fazia questão de nos reunir também para o jantar. Mamãe preparava tudo com amor, colocava naquela mesa grande cadeiras pesadas. Papai conversava conosco olhando nos olhos, perguntando como foi nosso dia, contava histórias e dava risadas, era momento de diversão, comunhão e conexão. Quando fiz 15 anos, nessa época morávamos em Belo Horizonte, capital de Minas Gerais, tive um momento marcante à mesa, para comemorar, convidei para um almoço de domingo três grandes amigas da escola, meu professor de música, meus pais e irmãos solteiros, foi um momento de mesa inesquecível, passamos a tarde toda ali conversando e nos alegrando, criando memórias afetivas.

Nessa época, meu pai já havia sofrido sete AVCs, ficou com o lado direito paralisado, andava com dificuldade amparado por muletas. passamos por vários desafios, não tínhamos recurso financeiro para uma festa, mas as refeições à mesa eram sempre presentes, mesmo em meio a problemas de saúde na família, não deixava de fazer o que era importante.

2. Histórias e ensinamentos bíblicos

Lembro-me quando aprendi o primeiro versículo bíblico. Foi à mesa, em um café da manhã, eu era bem pequena, lá pelos meus 4, 5 anos. Os irmãos mais velhos tinham que decorar o versículo da semana e dizer no culto doméstico, então eu, ainda bem pequena, queria dizer também. O primeiro versículo que aprendi foi: "Eu e a minha casa serviremos ao Senhor." (Josué 24:15), e que alegria quando consegui dizer sozinha, ali eu já estava aprendendo com meus pais a amar a Palavra de Deus e guardá-la no coração.

Deus despertou em mim um desejo de aprender a ler para ler a Bíblia e poder aprender mais sobre ela, pois via em meus pais esse amor pela Palavra. Eles contavam histórias bíblicas durante o culto doméstico. Um dia, papai contou sobre Josué, que enfrentou uma tarefa intimidadora, substituir o grande líder Moisés após sua morte, conduzir o povo de Israel à Terra Prometida. Josué teve medo, mas Deus lhe disse: "Sê forte e corajoso, não temas... como estive com Moisés eu estarei contigo por onde quer que andares." (Josué 1:9). Deus tinha um propósito específico para Josué e ele disse **sim**. Logo cedo, entendi que Josué obedeceu a Deus e foi bem-sucedido em cumprir o Seu chamado.

3. Mesa, lugar de crescimento espiritual

Você conhece os 10 mandamentos? Sabe onde eles estão na Bíblia? Aprendeu em algum momento? Em 2023, estávamos em um evento de jovens de várias igrejas, após o culto tivemos um tempo de "social" com várias brincadeiras, uma delas era de perguntas bíblicas. Era assim: o dirigente fazia uma pergunta, quem soubesse levantava a mão e, se respondesse corretamente, ganharia o prêmio. Eu gosto dessa brincadeira, aprendi muito assim na infância.

Em um momento a pergunta foi dizer os 10 mandamentos de cor, fiquei surpresa porque só eu levantei a mão, somente meu marido e eu sabíamos. Ali havia adolescentes, jovens, líderes etc. Eu disse na íntegra, não apenas um resumo. Onde aprendi os dez mandamentos? Assentada à mesa com meus pais. Mesa é lugar de crescimento espiritual. Família conectada à mesa é um convite para o crescimento espiritual de sua família. Lembro-me que papai cantava uma música para reforçar a importância de aprender a Bíblia, dizia assim: "O bom cristão tem a Bíblia na mão, tem a Bíblia na mente e no coração." Você tem a Bíblia na mão, na mente e no coração?

4. A transmissão dessa tradição

Essas experiências moldaram a forma como hoje valorizo a mesa em minha família. As refeições à mesa sempre foram presentes em nosso lar, embora, em alguns momentos, estivessem alimentando mais o corpo físico, nunca esqueci dos princípios e valores passados por meus pais, e chegou o momento de ressignificar e reconectar a família à mesa. A mesa é lugar de conexão, é também momento de compartilhar a fé, o amor, desafios, vitórias e conquistas, histórias, criar memórias afetivas, comunhão, olho no olho, transmitir os princípios, treinar a próxima geração para que sempre lembrem dos feitos do Senhor, sabedores de que em Deus somos mais que vencedores, independentemente das circunstâncias.

Nossa tradição em família era refeições e conversas espirituais ao redor da mesa, qual a tradição da sua família? Você tem tradição? Você pode começar hoje algo diferente, ou até resgatar uma tradição de família esquecida ao longo do caminho e criar uma nova história em seu lar. Se precisar de ajuda ou compartilhar algo, mande um e-mail que vou ficar feliz em lhe ajudar ou conhecer sua história: giselda.sathler@gmail.com.

5. Aplicação prática: como criar mesa de conexões

Deseja transformar suas refeições em momentos de conexão profunda? Crie um ambiente acolhedor, façam orações juntos, incentive conversas significativas. Deus tinha um chamado especifico para Josué e tem para mim e para você também. Nosso chamado começa em nosso lar, com a família. Convido você a colocar a mesa para a família e fazer refeições convidando o Pão da Presença, Jesus, para se fazer presente.

Quero deixar cinco dicas para trazer sua família à mesa e colher benefícios desses momentos.

1. Faça uma mesa atrativa (mesa infantil alegre e colorida para crianças, mesa mais moderna para jovens, mesa acolhedora para casal). Traga a família de volta à mesa. É hora de dizer não para algumas coisas e sim para o tempo de qualidade com o cônjuge e filhos.
2. Faça comidas saborosas de que eles gostam, pesquise as preferências, esteja aberta a mudanças, aprenda receitas novas, peça ajuda.
3. Ensine a Bíblia aos filhos à mesa, de forma criativa. Deuteronômio 6:4-9 diz para ensinar a Bíblia assentados em casa.

4. Ouça sua família com o coração. Crie perguntas sobre assuntos que eles gostam e também atuais, incentivando-os a conversas significativas.

5. Estabeleça o Culto Doméstico à mesa. Leia a Bíblia, ore, ensine seus filhos a amarem a Deus e à Palavra, à Bíblia. Faça isso à mesa também, comece com cultos rápidos e crie memórias.

6. O poder transformador da mesa

Já aprendemos que a mesa é mais do que um lugar de refeições, é um lugar de conexão e redenção, comunhão e transformação. Estudos mostram que fazer refeições em família com frequência e manter diálogos positivos são práticas que criam laços familiares profundos, relacionamentos saudáveis, filhos mais seguros de si. Família que se reúne para refeições à mesa, cinco vezes na semana, tem filhos mais saudáveis, que são melhores profissionais e tem menos probabilidade de se envolver com cigarros, álcool, drogas legais e ilegais (*Experiência do Lar*, cap. 2, p. 27 e 29).

Ainda hoje nossa família se reúne para as refeições e conexões à mesa. Cada um dos irmãos com suas famílias em suas casas e nos encontramos anualmente para não perdermos a nossa essência. Entre irmãos, cunhados e sobrinhos somos mais de 130 membros, e isso é uma grande alegria para nós, continuar o legado dos nossos pais que já não estão entre nós.

Fortaleça os laços, semeie valores cristãos por onde você passar, pois a forma como nos conectamos à mesa reflete como nos conectamos na vida. Você pode fazer com que cada refeição seja um ato de amor e comunhão, com o Pão da Presença, Jesus entre nós, e a disposição de servir à família e à sociedade. Agora, qual a sua decisão? Escreva o que fará para conectar sua família à mesa. Comece hoje mesmo.

Referência bibliográfica

TITUS, Devi. **A experiência do lar** — Como tornar sua casa um lugar de amor e paz. Rio de Janeiro: Thomas Nelson, 2019.

"A MESA É LUGAR DE ALIMENTO FÍSICO, EMOCIONAL E ESPIRITUAL. LUGAR DE CONEXÃO, COMUNHÃO E RELACIONAMENTOS PROFUNDOS E SAUDÁVEIS."

Giselda Sathler

HELOISA VIEIRA MENDES

Heloisa Terezinha Vieira de Oliveira Mendes, natural de Lages/SC, filha da escritora palestrante (*in memoriam*) M.ª Teresinha Vieira do Nascimento e Edgar do Nascimento, pai de criação. Casada há 35 anos com César A. Mendes, meu amor, mãe de três filhos maravilhosos (Sábata, Augusto e Samuel), sogra de Leonardo e Elaine, respostas de minhas orações.
Cristã, graduada em Pedagogia, com especialização em Administração, Gestão, Supervisão e Orientação Escolar, atuei como gestora e professora nos CEIMs da SEML, palestrante em colégios da rede de ensino em Lages e região da Amures, sócia e empresária da SSA Soluções em impressões, líder e discipuladora de mulheres há mais de 25 anos em minha igreja CCL, em que servi como coordenadora e professora da rede de crianças, adolescentes e escola de líderes, junto com meu marido lidero e supervisiono células, em 2024 passei a ser mentora da Home Experience e escritora.

heloisavieiramendes_
valor_da_mesa
+55 (49) 99994-1959
helo69.hm@gmail.com

FAMÍLIA
conectada à mesa

16 Mesa posta: o encontro que transforma

Por Heloisa Vieira Mendes

O propósito é a razão do existir, o que incentiva a levar a vida de acordo com a vontade de Deus. Quando se vive de acordo com o propósito do Senhor, todas as coisas ao redor contribuem para o crescimento.

Existem momentos únicos na perspectiva de nossas vidas que nos eternizam memórias, seja o cheiro do café passado que você sentia na casa de sua avó na infância ou os quadros em uma parede, essas memórias afetivas ajudam a nos moldar e formar quem somos. Comigo não foi diferente, uma vez que vivo esse sentimento ao lembrar da mesa, o ambiente familiar, as risadas e almoços, a mesa para mim foi e é um local de memórias.

Minha experiência e história familiar proporcionaram-me uma perspectiva única sobre a dinâmica familiar à mesa. Compartilho não apenas reflexões pessoais, mas também práticas que podem ajudar a transformar seu casamento, seus filhos e família, trazendo união e paz. Espero que as histórias que compartilho inspirem outras famílias a descobrirem o valor da conexão à mesa. Convido você a embarcar nessa jornada e a fortalecer as conexões que fazem da vida familiar uma experiência rica e significativa.

Minha história começou de forma desafiadora. Casei-me aos 20 anos e tornei-me mãe aos 21, e os problemas surgiram enfrentando a imaturidade e os traumas da minha infância, o abandono do meu pai, que nos deixou, eu e meu irmão pequenos, e brigas que presenciei no segundo casamento da minha mãe. No início do meu casamento, as discussões eram frequentes, com ameaças de separação e com meus filhos ainda pequenos. A sensação que eu tinha é que tudo na minha vida não estava bem (como esposa, como mãe e na vida profissional), que eu estava condenada ao fracasso. Comecei a ter problemas de baixa autoestima, insegurança, medo e tristeza.

Quando criança e adolescente, eu sonhava com minha família (marido, filhos e meu lar), em ter minha casa com uma mesa grande rodeada de filhos. A mudança iniciou quando conheci Jesus em uma reunião de lares na casa de minha mãe, e, a partir da Palavra, encontrei esperança, fé e a força para reescrever meu destino. Foi em 1994 que entendi que **a família é projeto de Deus.** Ele atraiu meu coração a ter uma experiência transformadora no Congresso Mulher Vencedora, na cidade de Pato Branco. A fase em que eu estava era exatamente o início para que Ele me trouxesse a revelação do propósito que tinha desenhado para minha vida, recebi o chamado dEle e esse foi um divisor de águas, tudo mudou (minha visão, comportamento, escolhas e prioridades).

A minha história foi alinhada com os sonhos e planos do Deus Pai. Ali, não apenas encontrei direção, mas também um propósito que marcaria minha vida para sempre. Despertou em mim o desejo de lutar pelo meu casamento, senti-me como Moisés diante da sarça ardente; como Débora debaixo da palmeira — a vida de uma vencedora é a vida que eu pedia e Débora foi uma vencedora; como José, que sonhou e enfrentou adversidades para cumprir seu destino, e como Jeremias, moldado na sala do oleiro, eu também fui chamada a um propósito maior, mesmo sem entender completamente o que estava por vir. Mas tive a certeza que meu casamento e minha família eram o projeto e o sonho mais importantes para minha vida e que eu não estava só nesse processo.

Comecei a preparar meu lar para receber meu marido ao chegar das viagens de trabalho, com as crianças de pijamas, mesa posta com café no verão, sopas no inverno. Procurava preparar os momentos à mesa, conversas, sorrisos, atenção, alimentos que lhes fossem agradáveis, orar consagrando meu marido e meus filhos no Altar do Senhor. Cuidava de cada detalhe para que o seu retorno para casa fosse algo agradável e acolhedor, arrumei na sala uma mesa redonda em frente a uma lareira, preparava seu pijama para o banho. Sem brigar e discutir, ele foi desejando retornar para casa e termos um tempo de mesa, brincar com as crianças, conversar e assistirmos um desenho. À medida que nossa família crescia, a mesa tornou-se um símbolo de união e acolhimento.

Cada refeição era uma oportunidade para compartilhar não apenas comida, mas também as risadas, os desafios, as dores e os sonhos. À mesa era onde os meus filhos aprendiam sobre amor, respeito, perdão, projetos e a importância de ouvir uns aos outros. Deus honrou a minha obediência e fé. Meu marido em 1997 abriu o seu coração para Jesus e assim nosso lar tinha um espaço e um altar de conexão com os nossos corações e a Deus. Em cada celebração, datas especiais como aniversários, Natal, Dia das Mães, Dia dos Pais, tradições que criamos reforçaram esses valores e nos aproximavam ainda mais.

Servindo na minha igreja local, eu vi a mesa um lugar para conectar meu coração ao coração das pessoas e o coração das pessoas ao coração de Deus, a mesa estava em meus sonhos, a mesa estava em meus planos, a mesa estava em meu lar, a mesa estava em meus relacionamentos e em todas as áreas da minha vida. **Deus é um Deus que realiza sonhos e sonhos são do coração de Deus.**

Em 2010, compramos a nova casa com nossos três filhos, planejamos e oramos por esse sonho de família. O primeiro móvel foi a mesa grande para realizar nossos encontros em família, com amigos e irmãos. Pensei então: "agora tenho uma mesa para desfrutar com minha família, obrigada por esse presente!" Aprendi a cada dia, em cada nova fase, que a obediência é a chave para acessarmos o propósito de Deus. Com o tempo, nosso lar transformou-se em um espaço de ministério. As reuniões de casais e grupos de oração aconteciam em torno da mesa. Ali partilhamos experiências, orações e encorajamento. Por meio dessas conexões, vi casais renovando seus votos, famílias restaurando relacionamentos e mulheres se apoiando em suas lutas diárias.

Eu sentia forte a sensação de propósito dentro de um chamado com as mulheres, chamando-as a tomarem um café e a mesa sempre foi o coração do encontro. Mulheres de todas as idades reuniram-se para compartilhar suas histórias, suas dores e suas vitórias.

> "Qual é a mulher que, tendo dez dracmas, se perder uma, não acende a candeia, varre a casa e a procura diligentemente até encontrá-la e, tendo achado, reúne as amigas e vizinhas dizendo: alegrai-vos comigo, porque achei a dracma que eu tinha perdido" (Lucas 15:8-9).

Era maravilhoso ver como, ao redor daquela mesa, laços de amizade se formavam e vidas eram transformadas. Com o passar dos anos, nossas refeições tornaram-se momentos sagrados. Lembro-me do Natal em que decidimos convidar não apenas familiares, mas também amigos que estavam sozinhos. A mesa se enchia da alegria de estarmos juntos e se espalhou como um presente especial.

Deus continuou a me inspirar com novas ideias. Minha casa é o meu lar, não é só lugar para vir dormir, sair, mas um lugar para todos se aconchegarem, serem acolhidos, amados, cuidados, lugar em que há alegria, diversão e em que todos são trazidos para perto e se aproximam de Jesus. Também comecei a organizar jantares temáticos, piqueniques para as crianças e famílias, em que cada refeição era uma aventura diferente. Isso não apenas estimula a criatividade na cozinha, mas também proporciona momentos de aprendizado e diversão para nossos filhos e amigos.

A mesa não é apenas um móvel, mas um testemunho de fé e amor. Cada marca e cada mancha são lembranças de momentos que moldaram nossas vidas. A mesa sempre foi e sempre será um lugar onde as histórias se entrelaçam e as conexões se fortalecem.

"Para que não vos torneis indolentes, mas imitadores daqueles que, pela fé e pela perseverança, herdam as promessas." (Hebreus 6:12).

Há alguns anos, via meus pais e sogros idosos, minha filha casada, e entendia que era o tempo de dedicar os domingos para eles e trazê-los para almoçar em nossa casa. Foram alguns anos, todos os domingos com minha mesa cheia preparada para meus pais, meus sogros, irmãos e sobrinhos. Preparando a mesa, as refeições eram planejadas durante a semana e preparadas juntas. Cada um fazia algo. Pelas manhãs, o tempo na mesa, os cafés da tarde eram de histórias, risadas, aprendizado, fotos, vídeos e músicas. Meus filhos e todos paravam para ouvir e aprender com eles e suas experiências. Ah, que saudade! Como os idosos têm a nos ensinar e necessitam de atenção! Como a nova geração precisa valorizar e honrar seus avós, conhecer como eram os princípios e valores de sua época.

Em 2020, minha mãe faleceu e em 2023, meu sogro. Ficaram as memórias de cada almoço, Natal, Páscoa, aniversários, cafés e encontros ao redor de nossa mesa. As histórias, aprendizados, honra e afeto que eu guardo, assim como meu esposo e meus filhos. Meus filhos valorizam o tempo de mesa, têm alegria em por a mesa. Sei que esse é um legado que seguirá em minha geração.

A formação das memórias é um processo complexo que envolve diversas áreas do cérebro. Quando vivemos uma experiência, as informações são processadas e armazenadas em diferentes regiões cerebrais. A consolidação das memórias, ou seja, o processo de tornar as memórias mais duráveis, envolve a repetição e a associação com outras memórias.

As memórias familiares são especialmente importantes, pois elas nos conectam com nossas raízes e nos dão um senso de pertencimento. Compartilhar histórias e tradições familiares fortalece os laços entre os membros da família e cria um sentimento de comunidade.

A mesa, por muito tempo, foi o centro da vida familiar. Era ali que se reuniam os avós, filhos e netos e outros parentes para compartilharem não apenas alimentos, mas também histórias, risadas, segredos e afetos. Essa tradição, embora tenha se transformado ao longo dos anos, continua sendo uma das formas mais poderosas de fortalecer os laços familiares. Em um mundo cada vez mais acelerado, reservar um tempo para compartilhar refeições em família é um presente inestimável.

"A MESA CONECTOU-ME AO MEU PROPÓSITO."

Heloisa Vieira Mendes

ISAURA SENA

Pastora ordenada (CONAMAD), presidente dos departamentos de Mulheres e Círculo de Oração da Assembleia de Deus Segui a Paz em Simões Filho/BA, coordenadora do discipulado, quarta vice-presidente da mesa diretora, psicopedagoga, psicanalista, capelã hospitalar, educacional e prisional, mentora de mulheres da Experiência do Lar (quatro turmas formadas) e palestrante. Trabalhou em uma instituição bancária por quatorze anos. Cursou até o 8º período da faculdade de Letras pela UFRN, é bacharel em Teologia, pós-graduada em Psicopedagogia (UNEB), Psicanálise (Universidade de Alagoas). Formada em Psicologia Pastoral e Terapia Familiar (CEM), Missões Transculturais (EMAD). Esposa do pastor presidente reverendo Dr. Henoch Protasio da Silva (*in memoriam*) da Assembleia de Deus Segui a Paz por 24 anos, mãe de dois filhos (pastores Dr. Isach Henoch e David Henoch) e avó de Ana Keila, David Sena, Daniel Sena e João David.

@pastoraisaura

FAMÍLIA

conectada à mesa

17 A FAMÍLIA QUE TEME AO SENHOR SENTA À MESA

Por Isaura Sena

A minha infância foi vivenciada com memórias edificantes que marcaram toda a minha existência. Filha de pais agricultores, que geraram onze filhos, eu sou a nona filha, criada na zona rural, mas com princípios que me fizeram triunfar e saber respeitar e valorizar a família que Deus me concedeu.

Durante toda minha infância fazia refeições à mesa com meus pais, irmãos e irmãs, e nos dias de passeios na casa dos avós, também sentava à mesa com eles, que contavam muitas lindas histórias olhando nos olhos e vivenciando o verdadeiro valor da comunhão em família. Quantas lembranças maravilhosas permeiam a minha memória até os dias de hoje! Foram momentos incríveis, desfrutando das bênçãos de uma família que temia ao Senhor. Desconheço o dia que não fiz refeições à mesa com meus pais. Se não chegasse em casa no horário das refeições, meu pai falava: "Não tem mais alimento, não respeitou o horário da refeição". Esse princípio ele carregou até o seu último dia de vida na terra.

Como era gratificante saber que morava em um lar que observava e vivia na prática um princípio que foi deixado pelo próprio autor da vida: Deus, o dono do universo, o nosso Senhor e Criador.

Na minha adolescência, fui morar em São Paulo com minha irmã, para batalhar por uma melhor condição de vida, mas infelizmente tive experiências não muito agradáveis e precisei retornar para a casa dos meus pais no interior, depois de um ano e meio residindo em São Paulo. Tive que recomeçar tudo novamente. Fiz vestibular na Universidade Federal do Rio Grande do Norte e fui aprovada, a partir desse momento tudo começou a fluir na minha vida.

Com 24 anos, fiz concurso para um banco, no Rio de Janeiro, passei em sexto lugar e assumi logo o meu emprego, onde trabalhei quatorze anos e logo conheci o meu futuro esposo, quando casamos e fomos morar em Brasília/DF. Tive muitas experiências maravilhosas, inclusive ser mãe de Isach Henoch e David Henoch, filhos amados e obedientes.

Em Brasília, iniciamos a nossa jornada ministerial e residimos lá durante quatro anos, quantas boas amizades fizemos e bons amigos deixamos! Lá tivemos a honra de liderar a juventude da igreja, meu esposo líder e eu conselheira da mocidade, quantas experiências notáveis. Trabalhamos no departamento de famílias realizando palestras e jantares maravilhosos para casais. Mas o militar não fica muito tempo em uma cidade e, assim, tivemos que residir em Salvador e Rio de Janeiro, depois retornamos para Salvador e foi aqui que vivenciamos experiências maravilhosas na nossa vida ministerial. Quantos momentos felizes e também de provações! Foi daqui que tivemos a oportunidade de conhecermos vários países do mundo, inclusive a Terra Santa. Fundamos o departamento de missões, departamento de discipulado, jovens, crianças e adolescentes. Muitos congressos de jovens foram realizados, como também de senhoras e, ainda hoje, realizo ao lado da diretoria das mulheres.

Convivemos 38 anos, sempre aplicando o princípio da mesa com nossos filhos e, muitas vezes, com amigos e, como foi bom esse tempo com todos juntos na presença do Senhor. Foram muitas viagens missionárias, visitamos lugares tão carentes espiritualmente e materialmente! Fundamos muitas igrejas e ganhamos muitas almas para o Senhor. Juntos, criamos um departamento de família e ganhamos muitos casais para Cristo, casais que nunca haviam sentado à mesa para fazer refeições juntos e, a partir do encontro de casais, desfrutaram da verdadeira comunhão sentados à mesa e rodeados pelos filhos.

Quantos jovens tiveram um encontro com Cristo, e até mesmo crianças fizeram alianças com o Senhor! Foram tantos anos caminhando juntos e edificando vidas para o Reino de Deus.

Mas, há nove meses, depois de participarmos de uma linda Santa Ceia, e após almoçarmos juntos, voltamos para casa e meu esposo foi dormir um pouco e descansar de uma longa jornada de trabalho. O relógio apontava para quase 17 horas e, quando cheguei ao quarto, tive uma grande e triste surpresa: olhei para ele e não encontrei nenhuma respiração, fiquei relutando para aceitar. Sim, era verdade, ele não estava mais aqui na terra, o Senhor havia o levado para a glória, foi dormir e não acordou mais. E agora, para comunicar aos filhos e à igreja?

A minha primeira reação foi não acreditar no que estava vendo. Quis me desesperar e o Senhor falou baixinho ao meu coração: "Fique tranquila, eu estou com você, não se assuste, eu vou cuidar de você". Mandei uma mensagem urgente para filhos e noras e eles vieram e levaram ele para a UPA, mas o Senhor já o havia recolhido. Acabou a carreira e guardou a fé. Agora, havia o campo com 68 igrejas e uma sede para ser conduzida, e eu sem esposo, os filhos sem pai, os netos sem avô. Mas a vontade de Deus é soberana e o meu filho primogênito assumiu o pastoreio do campo e, graças a Deus, tudo caminhou normalmente.

Mas eu tive e ainda estou no período de adaptação sem ele, como está sendo desafiador! Mas tenho certeza de que o meu Deus está cuidando de mim e dos meus filhos com muito carinho, como também da igreja do Senhor. Não tem sido fácil, mas vejo o amparo e o cuidado de Deus em todas as coisas. E a Bíblia fala do cuidado de Deus com os órfãos e as viúvas. Sentar à mesa agora, sim, Jesus é o meu noivo amado que está comigo, o Pão da presença, o Senhor Jesus está presente e não estou só, porque Ele está comigo. Agora, em um só espírito com o Senhor e dando continuidade à obra de Deus ao lado dos meus filhos e da igreja do Senhor.

O que significa sentar à mesa com a família?

A mesa é um lugar de respeito, carinho, afeto e conexão. O momento em que sentamos à mesa em família, com amigos, gera memórias afetivas que jamais esqueceremos. A mesa é um momento de compartilhamento, lugar de comunhão e expressão de amor. É na mesa que os olhares se cruzam, se falam, se comunicam e expressam um sentimento tão forte vivido, que em outra parte, em outro ambiente, não seria possível essa comunicação. Por ser um princípio bíblico, devemos atentar para que esse momento se repita com muita frequência no meio da família e até mesmo entre amigos.

O significado da palavra mesa, na Bíblia, está relacionado à partilha e ao compromisso. É um ponto de encontro entre as pessoas que desfrutam de uma íntima comunhão. Mesa é lugar de honra, de resgatar a autoestima, de fortalecer os laços familiares e entre amigos. Na Bíblia, a mesa também é associada à presença de Deus e à celebração da vida. É o lugar em que acolhemos as alegrias e as tristezas do outro com quem partilhamos nossas refeições.

O princípio da mesa é a mensagem de Deus para a nossa geração, a fim de fortalecer as famílias e nos preparar para fazer a obra dEle no mundo atual. (Devi Titus) No Antigo Testamento, a palavra "mesa" aparece pela primeira vez em Êxodo 25:30: "Coloque sobre a mesa os pães da presença, para que estejam sempre diante de mim". Era a mesa que ficava no lugar santo do tabernáculo, onde 12 pães eram colocados representando as doze tribos de Israel.

O que Jesus falou sobre a mesa?

Jesus falou sobre a mesa em várias ocasiões, associando-a a lugares de amor, perdão, cura, comunhão e partilha.

Em Lucas 22.14-38, Jesus disse que as pessoas comeriam e beberiam à sua mesa no seu Reino, e sentariam em tronos para julgar as doze tribos de Israel. Em Mateus 26:6, Jesus encontrou-se à mesa em casa de Simão, o leproso, poucos dias antes da sua crucificação. Em Lucas 14:1-14, Jesus usou uma refeição na casa de um fariseu para ministrar lições aos seus discípulos, falando sobre as prioridades do Reino e do valor da humildade. Em Apocalipse 3:20, Jesus usou a figura da refeição para falar de alegria. Jesus sentou-se à mesa com eles, tomou o pão, pronunciou a bênção, partiu e deu a eles. Nesse momento, seus olhos se abriram e eles o reconheceram (Lucas 24:31).

Não foi por acaso que Jesus escolheu a mesa como sinal de Sua presença. Tenho excelentes recordações de momentos muito especiais de todos nós sentados à mesa com meus pais e irmãos, vivenciamos momentos incríveis sentados à mesa no jantar. Durante o dia, já ficava ansiosa que chegasse a noite para sentar à mesa ao lado da minha família. Quantos momentos maravilhosos vivenciamos ao decorrer de longos anos, até que chegou o momento de casar e deixar a casa dos meus pais, porém dei continuidade ao hábito na minha casa com o meu esposo e filhos, não abri mão de fazer refeições à mesa sempre que podíamos, principalmente na hora do jantar e finais de semana, quando todos estavam em casa.

É lamentável que muitas famílias não pratiquem esse princípio tão valioso deixado por Deus em Sua palavra e, em consequência dessa não observância a esse tão valioso princípio, muitos lares têm sido desfeitos, filhos têm praticado costumes que comprometem a família, usando drogas, envolvendo-se com bebidas, noitadas e costumes que entristecem o coração dos seus pais, muitas vezes, por falta dessa conexão à mesa. Esperamos que este livro venha trazer a você, querido leitor, um novo direcionamento, uma nova rotina para sua família, momentos que ficarão marcados na sua estrutura familiar ao lado dos pais, filhos e também os avós.

Mesmo sem o esposo estar mais aqui, eu sempre preparo uma mesa com lugar de honra, porque eu sei que o Pão da presença, que é Jesus, está comigo sentado à mesa nas horas das refeições.

Este ano foi muito desafiador para mim, muitas adaptações, porém no próximo ano pretendo, todos os meses, convidar os meus filhos, noras, neta e netos para jantarmos juntos, sei que isso vai fortalecer mais o vínculo afetivo com a nossa família, e o Pão da presença, que é Jesus, estará sempre conosco.

Incentivo você a preparar um lugar de honra em sua mesa, primeiro, para Jesus, e depois para cada membro da sua família, isso vai estreitar os laços de comunhão entre eles e consequentemente a vida espiritual se fortalecerá a cada dia.

Referência bibliográfica

TITUS, Devi. **A experiência da mesa** — o segredo para criar relacionamentos profundos. São Paulo: Mundo Cristão, 2018.

"A mesa é o local em que a família se encontra, as histórias se contam e a fé em Deus se fortalece."

Isaura Sena

JULIANA ARAÚJO

Sou Juliana Araújo, tenho 49 anos, filha amada do Deus vivo, casada com Marcelo Araújo, mãe da Maria Luana, brasileira que morou em Nova Iorque, Milão e Londres.

Nasci em Belo Horizonte/MG, tive oportunidade de morar em algumas cidades no Brasil, cursei o colegial nos EUA. Sou advogada, escritora, palestrante, mentora da Experiência do Lar, empreendedora *online*, idealizadora do curso 100% *online* Método Vida dos Sonhos, da Clínica Sozo Saúde Integral. Pós-graduada em Psicanálise, especialista em desenvolvimento humano, *master coach* com formações em *Coaching*, PNL e Perfil Comportamental.

Sou apaixonada por Jesus e pelo estudo do comportamento e cérebro humano. Sou guardiã do meu lar e tenho minha família como maior fonte de inspiração nesta terra.

juaraujo.oficial

+55 (31) 99328-5820

FAMÍLIA

conectada à mesa

18 O PAPEL DA MESA NO PROCESSO DE LUTO

Por Juliana Araújo

O ser humano é como um oceano imenso e profundo em sua diversidade, assim como cada família na sua particularidade enfrenta suas lutas e seus desafios com a minha não foi diferente. Mas, o mais incrível nessa trajetória é provar a fidelidade de Deus e o quanto Ele honra suas promessas.

Cresci em um lar com muito amor, hoje tenho essa visão, mas durante muito tempo não enxerguei por essa perspectiva; visão típica da caçula que, por vezes, não recebeu o amor na proporção que esperava. Atravessamos desertos, muitos vales, mas hoje reconheço o quanto Deus nos sustentou e nos guiou ao longo da jornada. Sou a mais nova de quatro irmãos, sendo dois homens e duas mulheres.

Descobri o verdadeiro significado da mesa no período mais difícil que minha família atravessava – o leito de morte da minha mãe, a Dona Conceição, mulher virtuosa, filha amada de Deus, dona de dons e talentos incríveis, principalmente na arte de cozinhar. Aprendemos com ela que, mesmo na correria do dia a dia, a mesa é muito mais do que um móvel. Ela é o cenário de momentos preciosos, um ponto de encontro que transcende o simples ato de se alimentar.

Ironicamente, no período de luto os problemas emocionais da minha família foram expostos sobre a mesa, já que ela já não era mais, há muito tempo, palco de grandes banquetes, nem dos encontros memoráveis de família. Tudo aquilo que não tinha sido resolvido internamente entre a minha família, desde o período da infância, veio à tona em forma de dor e manifestações de mágoas e ressentimentos no momento mais difícil de nossas vidas. Em vez de união, a discórdia tomou conta do nosso ambiente familiar. Na verdade, era um grito de revolta por estarmos há muito tempo envolvidos demais com outras prioridades, e a mesa, que um dia tinha sido o melhor lugar do mundo, de repente tinha perdido seu elo principal — nossa matriarca, da forma mais inesperada e dolorosa que poderíamos imaginar.

Minha mãe havia contraído covid-19 no pós-operatório de uma doença cardíaca muito complicada que meu pai havia enfrentado e quase morrido. Ela veio a falecer em março de 2022, após três longos meses de muito sofrimento no hospital.

Iniciamos o luto com a relação entre meus irmãos bastante balançada. Quantos aprendizados desde a morte da nossa mãe! Para a nossa família, a mesa representava um espaço sagrado, onde fortes laços foram criados e grandes memórias foram construídas. Apesar da grande perda, a vida continuava e eu não fazia ideia de o quanto o Senhor estava preparando um grande banquete para nós.

Em maio de 2022, eu recebi dois convites, na mesma semana, para celebração de casamentos. Um, de uma ex-funcionária, a "Gra", que havia se convertido na época em que trabalhou na minha casa, e outro, da minha sobrinha, filha da minha irmã. Qual a chance de alguém que não é celebrante receber dois convites na mesma semana? O casamento da Graciele seria em setembro de 2022 e o da minha sobrinha, Anna, no ano seguinte.

Celebrei o casamento da Gra debaixo de muito temor e oração. Ela conheceu seu noivo numa época mais madura e ambos estavam tendo a chance de refazer suas vidas. Não fazia ideia de que minha casa havia impactado a vida dela de tal maneira, pois, na época, eu passava por muitas lutas no meu casamento, mas quando decidimos viver debaixo de obediência, Deus nos sustenta. Foi uma honra celebrar o casamento de um pastor, a Gra se casou com um. Nunca poderia imaginar, mas Deus já sabia de tudo.

No ano seguinte, nos mudamos de Belo Horizonte para Alphaville, Nova Lima/MG. Foram muitas mudanças, inclusive de igreja, e uma luta espiritual tão grande que achei que não fosse dar conta. Orava em pensamento para o inimigo não ouvir meu clamor, para Deus não me deixar sucumbir, nem desanimar. Essas grandes lutas eram por conta de grandes promessas que estavam prestes a se cumprir. Um dia, eu tomei posse da palavra que eu e minha casa serviríamos ao Senhor, e eu creio verdadeiramente nisso, e o Senhor tem transformado a minha casa a cada dia.

Estava se aproximando o casamento da minha sobrinha, que seria em setembro, e em julho eu tive a oportunidade de fazer minha primeira mentoria de Experiência do Lar, com Giselda Sahtler.

Durante a Experiencia do Lar com Giselda, fui muito impactada de como o Senhor veio me lapidando até então. Lancei o meu primeiro livro, exatamente uma semana depois. Aquilo foi resposta de Deus. Parece que a mentoria veio como cereja do bolo na minha trajetória, um direcionamento, um verdadeiro "Ide". Foi extraordinário!

Durante os dias de mentoria, Deus pediu-me para marcar uma data para eu abrir a minha casa para a primeira Experiência do Lar. Marquei a data sem saber "como" eu faria, mas a minha fé me ensinou a crer que, se o Senhor pediu, Ele iria capacitar e viabilizar para que acontecesse. Eu apenas obedeci. Marquei a data, comprei os livros para as participantes. Estava tudo certo, mas 15 dias antes da mentoria as participantes tiveram imprevistos e desmarcaram.

Diante desse episódio fui conversar com Deus. Eu sabia que Ele tinha me pedido para marcar a data, até meu esposo confirmara uma viagem, ou seja, a casa estaria totalmente liberada. Fiz um acordo com Deus: se fosse da vontade dEle que acontecesse, Ele enviaria as pessoas. Faltando exatamente 7 dias para a mentoria, eu recebi um telefonema:

— Oi, Ju, tudo bem com você? – era a Gra, a quem eu tinha celebrado o casamento.

Respondi:

— Tudo bem, e você?

Ela respondeu:

— Eu não estou nada bem. A minha primogênita se suicidou...

Gelei totalmente. A filha dela de 17 anos que vi crescer e se tornar uma linda moça.

Naquele exato momento, a minha mente começou a ser bombardeada pelo Espírito Santo. O Espírito Santo me dizia: "Leve-a para sua casa". Ela então veio com a filha mais nova, na época com 15 anos, e sua irmã. Elas vieram e dormiram duas noites para a mentoria.

Só o Espírito Santo pode explicar como dei conta de transmitir todos os princípios para as convidadas que dormiram duas noites aos moldes de Devi Titus. Contei com a ajuda de algumas mentoras piedosas: a Carol Lage, Andresa Antunes, Renata Macambira e a Sibele Barony que iria abrir sua casa para outra mentoria na semana seguinte.

Quanto ao restante, a graça do Senhor nos acompanhou durante todos os dias e pudemos viver dias de muita transformação, restauração e presença de Deus. Enquanto eu ministrava sobre o princípio da mesa, o Senhor me falava: "Essa é a mensagem que você levará no casamento da Anna Caroline e do Marcelo." Havia quase 1 ano que eu orava confiando que o Senhor me daria a mensagem do casamento da minha sobrinha. Faltava exatamente 1 mês para a celebração.

Tudo correu conforme a vontade do Senhor. Na mentoria, a irmã da Gra aceitou a Jesus, a Gra e sua filha de 15 anos foram profundamente consoladas pelo Espírito Santo. Há quase 1 ano, a Gra e seu esposo inauguraram um ministério e estão realizando a obra de Deus. Ela se fortaleceu, em vez de cair e não se levantar mais. Ela pretende, em breve, levar a Experiência do Lar para a cidade dela em São Joaquim de Bicas/MG.

Na semana seguinte, enquanto eu ajudava a arrumar a mesa para a primeira Experiência do Lar na casa da Sibele Barony, a mentora Lu Pagani, que iria ministrar o princípio da mesa, perguntou-me quem havia ministrado esse princípio na minha casa na semana anterior, eu respondi que tinha sido eu. Naquela noite, a Lu teve febre e quando ela enviou a mensagem no grupo das mentoras, ouvi a voz do Espírito Santo: "Você é quem vai ministrar a "Mesa" na casa da Sibele". Deus estava me preparando, pois exatamente 1 mês depois eu levei a mensagem da mesa para o casamento da minha sobrinha e muitas coisas sobrenaturais aconteceram naquele dia. Houve um quebrantamento geral. Foi um tempo de reconciliação de toda a família. Ver meus irmãos dançando e pulando de alegria, junto com meu pai foi uma vitória eterna. Um caminhão de perdão foi liberado naquele dia.

Depois disso, eu verdadeiramente entendi a conexão e o poder da mesa. A perda da nossa mãe para nós teve tamanho significado e dor que meus irmãos não estavam dando conta de superar. Nós não havíamos perdido somente a nossa mãe, mas também, a maior referência de mesa que tivemos. A mesa, sem dúvida, restaura, conecta e cura. Eu digo isso em relação aos meus irmãos, pois durante o tempo em que minha mãe esteve viva, eu tive a oportunidade de pedir perdão e perdoar as mágoas do passado. Tive o privilégio de viver isso quando aceitei a Cristo há 25 anos. De apresentar Cristo aos meus pais e nos batizarmos todos juntos no mesmo dia.

Cada refeição compartilhada era uma oportunidade de nos reconectarmos, de dividirmos experiências e de nutrir os laços afetivos. Foi ali, ao redor da mesa, que as conversas fluíram, os sorrisos se multiplicaram e as diferenças se diluíram na partilha de uma refeição. A mesa é um espaço onde se celebra o amor, se compartilha as alegrias e se encontram consolos nos momentos difíceis.

Quando passamos pelos processos da vida, é necessário confiar de todo coração que o Senhor é soberano. Que os planos dEle nunca falham e que Ele faz do jeito que Ele quer e na hora que Ele quer. Escrever esta história neste livro foi propósito de Deus, pois eu sei que onde esta história chegar irá levar esperança, aumentar a fé de quem precisa e resgatar valores e prioridades inegociáveis de família.

A mesa é o palco das tradições familiares, no qual receitas passadas de geração em geração ganham vida, evocam lembranças e conectam o presente ao passado. É onde se ensina e se aprende, onde se expressam valores e se cultiva o respeito mútuo.

Além disso, a mesa é um ponto de encontro para a gratidão. É nela que se agradece pelas bênçãos recebidas, se expressa reconhecimento pelas conquistas e se encontra conforto nos momentos de adversidade. É um lugar onde a fé, a esperança e o amor se manifestam.

Assim, a mesa se revela como um espaço de união e vivacidade; um santuário de comunhão, onde os laços familiares são fortalecidos e as almas se nutrem tanto quanto os corpos. Pois, mais do que um simples móvel, a mesa é o coração pulsante da família, onde os mais belos apegos se entrelaçam.

"Pois, mais do que um simples móvel, a mesa é o coração pulsante da família, onde os mais belos apegos se entrelaçam."

Juliana Araújo

JULIANA FRANKLIN

Querida leitora, sou Juliana Franklin, filha amada de um Pai apaixonado, esposa, mãe, auxiliadora e guardiã do meu lar — requisitos de prioridades na minha vida. Casada há dezoito anos com Estefânio Franklin, juntos somos agraciados com nossa filha Valentina Franklin.

Formada em Direito e pós-graduada em Direito e Processo do Trabalho e Direito Difuso e Coletivo, atuei quatorze anos na advocacia, com publicações de artigos jurídicos e palestras. Hoje exerço a função de Juíza de Paz Titular pelo TJ/RJ, no Cartório de Registro Civil de Pessoas Naturais de Cabo Frio/RJ e Juíza Suplente no Cartório de Ofício Único de Arraial do Cabo/RJ.

Graduanda em Psicanálise Clínica, sigo esquadrinhando a mente humana dentro dos relacionamentos familiares. Como instrumento formalizador de famílias, busco resgatar os valores perdidos nos casamentos e nos lares.

dra.juliana.franklin

FAMÍLIA
conectada à mesa

19 Aperfeiçoada no silêncio da mesa

Por Juliana Franklin

Sente-se; a mesa é o suficiente para você retornar ao lugar de compreensão do processo de cura, restauração e alinhamento, seja pessoal ou da sua família, caso tenha se perdido no caminhar.

Mesmo que não tenha nascido ou crescido em um lar estruturado e obediente aos princípios da mesa, o seu lugar estará sempre à sua espera! Digo que, na mesa do nosso Pai, há um lugar reservado para você, e ninguém pode sentar ou ocupar os lugares alheios.

Mas por que falar de mesa e família? A mesa familiar favorece a transmissão de valores e afeto, contribuindo para a formação da identidade de seus indivíduos dentro do círculo familiar. Sabemos que muitas de nós não passamos pela experiência do entendimento de como Deus nos trata ao redor da mesa e por meio de nós.

Algumas, por não terem tido o privilégio de conviver em lares presentes à mesa, cumpridores dos mandamentos religiosos no ensinamento moral e espiritual para edificação da família, e por terem crescido em lares disfuncionais. Isso não tem sido exceção! Outras, porventura são aforadas por lares honrosos e amorosos, dedicados e sensíveis, com total disponibilidade e intenção de seguir adiante o legado familiar de amor e respeito ao pão da presença sobre a mesa. Mas, desperdiçam a oportunidade!

Então, percebemos que não importa de qual lar viemos e em qual estrutura emocional estamos alicerçados, se sabemos ou não a importância da presença diária em nossos lares sobre os relacionamentos diante da mesa. Sempre haverá tempo determinado para todas as coisas. Se o conhecimento chegou até você, é hora de implantar novos rumos. Venha usufruir tudo que a mesa pode nos proporcionar.

A passagem que é descrita na Bíblia, no livro de Êxodo 25, nos demonstra a simplicidade de Deus para permanecer acessível e presente em nossos lares. Deus é o criador da mesa e sobre ela determinou sua presença diária, "porás sobre a mesa os pães da proposição diante de mim perpetuamente"[1], acessível e disponível para mim e para você.

Um lugar tão simples e tão poderoso, a mesa é desejo de Deus para os relacionamentos com Ele e com o próximo. Ele determinou sua arquitetura, sua medida e sua confecção nos mínimos detalhes, pois sobre ela ficaria para sempre a acessibilidade da Sua presença. Por isso, ao redor da mesa podemos experimentar o extraordinário de Deus, não somente no plano individual, mas se estendendo à família, aos amigos e aos seus convidados. Por muitas vezes demoramos a compreender como Deus nos chama todos os dias a esse lugar de relacionamentos, a "mesa".

Sempre fui apaixonada por mesa, mas nem sempre perceptível do seu propósito. Lembro-me que sempre ajeitei todas as mesas que me estavam ao alcance, distribuindo os talheres, arrumando os pratos e decorando da melhor forma com o que se tinha no momento. Fazia-me sentir especial, e me oportunizava fazer o outro se sentir especial, afinal, sentar-se em lugar preparado para receber o outro sempre nos traz muito afeto. E essa atitude passou a ser vivenciada nos meus dias, para mim nos meus momentos de solitude e para minha família nos nossos momentos juntos.

O meu e o seu lar precisam dessa experiência de nos permitirmos trazer novamente nossa família ao lugar de acolhimento, afeto, olhares atenciosos, atenção para uma conversa despretensiosa ou até mesmo um desabafo, uma reconciliação, uma cura.

Na mesa oferecemos nosso carinho, não se trata de qual refeição servir ou qual louça usar, mas sim da disponibilidade de ofertar seu tempo, sua disposição, seu serviço e seu amor. Sim, o amor é demonstrado quando, independentemente da mulher que sejamos, estamos dispostas a sacrificar-nos em prol da nossa família.

1 A Bíblia da Mulher no Livro de Êxodo – capítulo 25, versículo 23, no qual Deus dá instrução sobre a criação da mesa, sua estrutura e seu significado.

Podemos ser as mulheres que desejamos ser, usufruir das profissões que almejamos e das posições na sociedade de diversas formas, mas ao abrirmos a porta das nossas casas, devemos deixar lá fora nossos títulos, nossos cargos, nossos rótulos. Para entrar em casa somente a mulher, a esposa, a mãe, aquela que vai cuidar dos detalhes, da casa, da alimentação, da ordem e da organização.

Podemos terceirizar alguns serviços dentro do nosso lar, mas Deus nos chama a atenção de que o profundo somente cabe a nós. A terceirização é superficial. A profundidade do conhecimento do seu próprio lar somente cabe à mulher, que administra, que se dispõe a fazer o serviço que lhe cabe com zelo e com dedicação.

Um ato tão singelo, tão cuidadoso, de expressão tão sublime, "a mesa está posta, os lugares dispostos e tudo está preparado"[2]. Ela está à sua espera, preparada, com seus lugares nominados e aguardando para lhe servir em derramamento do espírito.

Nossos dias tão corridos, tantas responsabilidades e tantos afazeres, não podem tomar a prioridade da nossa presença em nossos lares. Negligenciar seu lar é permitir que ele esteja suscetível a feridas, rejeições e ausências. Não permita que seu relacionamento com Deus, seu casamento, seus filhos e sua casa percam seus valores e seus propósitos. Em nenhum lugar nosso sucesso valerá o desastre da nossa missão como filha, esposa e mãe.

Mulheres, retomem ao lugar de posição, não podemos permitir que nossa sentinela se perca. Esse estreitamento torna-se necessário para nossa convivência, intimidade, confiança, proximidades e permanência dos laços familiares. O nosso melhor deve ser oferecido aos nossos, não podemos gastar nossa energia nos afazeres do mundo e oferecer o que resta de nós dentro da nossa casa. A nossa prioridade é nosso lar.

Sabemos que a família é um campo apto de convivência diárias, que ele se torna palco de traumas, desafetos, desrespeito, feridas e depreciação no cotidiano, sendo necessário que saibamos conviver com as diferenças e avolumemos a tolerância e paciência. Não nos permitamos viver e trazer ciclos maléficos para a nossa mesa. Nosso lar é a oportunidade de decidirmos fazer tudo diferente do que nos foi oferecido. É tempo

2 Bíblia King James atualizada em Isaías – capítulo 21, versículo 5.

de sentar-se com mais intencionalidade, pela consciência da mesa, dos relacionamentos e do próximo.

Foi no cantinho da minha mesa que passei a tirar um tempo com Deus em busca de orientações, baseada na Palavra, e comecei a receber conselhos e ensinamentos inesgotáveis que, sem eu perceber, deram início ao meu alinhamento. Por isso, posso dizer que fui aperfeiçoada no silêncio da mesa.

Quantas vezes encontrei-me com vontade de ficar escondida debaixo da mesa, por achar que não possuía valores suficientes para repassar como esposa, como mãe, como administradora de um lar. Mas Deus sempre esteve aguardando que eu me posicionasse e permitisse ser moldada, reestruturada, cuidada, ensinada e hoje dizer que continuo me aperfeiçoando, e que já não sou a mulher de antes. Se houve possibilidade de mudança para minha casa, também há para a sua.

Hoje, nenhum sucesso fora da minha família me instiga mais. Desejei ser tanta coisa no mundo, mas aprendi que maior é aquele que se inclina para servir dentro de casa.

Esse lugar também acessível a você, pode transformá-la, a decisão é de se submeter em obediência e tempo. Hoje, o poder transformador de olhar nos olhos da minha família, de ministrar e de ser ministrada pelas atitudes, de servir e de ser servida, de amar e de ser amada, fez-me conhecer mais e de ser conhecida por eles.

Aonde quer que eu vá hoje, se existe uma mesa, eu vejo a possibilidade de acolher o outro com atenção, amor e serviço. Isso significa que não é apenas sobre a nossa mesa, mas se expande também aos lugares em que você se fizer presente.

Uma mesa posta com amor e carinho também tem a capacidade de transmitir uma mensagem em silêncio. Muitas vezes não precisamos dizer nada, pois a mesa cumpre seu papel.

Sejamos humildes e dispostos a servir. Jesus, entre os maiores, serviu. Que seu exemplo nos encoraje a imitá-lo. Esse ato de singeleza nos transforma, quando entendemos que maior é aquele que serve e nosso olhar muda. Ao nosso redor muda. E é possível imaginar uma geração melhor. O lugar à mesa nunca será sobre nós.

Que cada uma de nós tenhamos o papel fundamental de não permitirmos que as famílias entrem em extinção nas próximas gerações. Que os valores, tão importantes, não se percam. A nossa sociedade a todo momento nos impregna de ideologias contrárias aos relacionamentos familiares, contrárias a servir e a amar ao nosso próximo. O lar a todo momento é substituído por outras atividades, com a casa não sendo mais o lugar por onde passamos nossa maior parte do tempo e a mesa sendo substituída ou inutilizada. Tudo que realmente importa sendo negligenciado.

Muitas famílias se tornam meros hóspedes de suas residências, desconhecidos dentro do mesmo endereço. A capacidade de tolerar o outro tem diminuído e pessoas frias, insensíveis, aptas apenas à satisfação de seus próprios interesses têm permitido o esfriamento dos relacionamentos dentro dos lares. Pais intolerantes, filhos insensíveis, sociedade predestinada ao fracasso e lares em extermínio, porque muitos compromissos, agenda lotada, cumprimento de deveres do trabalho, da profissão e das tarefas diárias estão sendo prioridade.

Amar é ultrapassar os limites do nosso próprio ego, permitindo que enxerguemos além de nós, o nosso lar, nossos maridos, nossos filhos. A mulher desempenha um papel fundamental, sendo por meio de seu cuidado e afeto que uma simples casa se torna um lar cheio de vida, cheio de presença, cheio de frutos. Esse chamado não pode se dissipar. Mulheres, retornem ao seu chamado!

É por meio de nós que Deus aguarda o cumprimento da Sua palavra. A busca pela felicidade e satisfação numa mentalidade egoísta tem minado o propósito feminino. Somos chamadas, antes de tudo, como auxiliadoras. O nosso fundamento está baseado como aquela que presta auxílio ao outro, que ajuda, assessora, colabora e coopera. Quem tem sido você?

Não importa se hoje cumprimos ou não perfeitamente aquilo que fomos predestinadas a fazer, Deus é uma fonte inesgotável de aprendizado e sempre haverá oportunidade nEle de recomeçar.

O importante é decidir! Vem! Posicione-se, arrume sua mesa, ocupe seu lugar e chame sua família. Depois desfrute da transformação, da reconciliação e da cura. Mesmo em silêncio a experiência ainda é surpreendente.

"Um lugar tão simples e tão poderoso, a mesa é desejo de Deus para os relacionamentos com Ele e com o próximo."

Juliana Franklin

Fotografia: @julianaventurafotografia / Maquiagem: @vivi.luzsilva

KARINE CABRAL

Karine Fernandes da Silva Cabral, mineira, nascida em 30 de março de 1979. Moradora de Ipatinga/MG. Casada há 22 anos com o amor da minha vida Baroncio Paulo. Mãe de duas preciosas princesas, Karoline e Isabelle. Sou alegre, gosto de estar com pessoas e servi-las.
Cristã, graduada em Educação Física, atuei na área por alguns anos. Terapeuta, psicanalista clínica, artesã, dona de casa.
Em 2021, fui presenteada com o curso Experiência do Lar. Uma semente lançada em meu ministério. Obrigada, amiga Nagiele Faioli, amo você. Mentora de mulheres pelo Experiência do Lar, juntamente com minhas amadas amigas Cristiane Yurie, Rosângela Falcão, Renata Mourão e Juliana Ventura. Obrigada pelo caminhar. Amo vocês!

karineecabralll

karine.fs.cabral@gmail.com

20 Família curada à mesa

Por Karine Cabral

As histórias têm o poder de tocar profundamente nossas emoções e sentimentos. Cada família possui sua própria trajetória, e as experiências vividas, sejam elas positivas ou negativas, deixam marcas inesquecíveis em nós. A família é um projeto divino, um testemunho da generosidade de Deus, que nos permite fazer parte dessa obra. Embora não exista uma família perfeita, é possível encontrar uma família saudável, amorosa e feliz, que produz frutos, mas essa realidade somente se concretiza por meio de Deus.

É no contexto familiar em que nossa identidade, nossas crenças e nossos valores são formados, norteando nossos comportamentos. A família tem propósitos eternos. Jesus cuidou de Sua própria família e devemos seguir Seu exemplo. Conhecer, temer, amar e honrar a Jesus traz mudanças significativas e transformadoras aos lares. Todos os lares, sem exceção, precisam de Jesus; por isso, devemos buscar diariamente Sua Presença.

Deus é amor e Jesus é o Príncipe da Paz. Essa combinação perfeita é essencial para um lar harmônico e saudável. O lar deve ser um verdadeiro lugar de descanso e refúgio, no qual a Trindade – Pai, Filho e Espírito Santo – possa reinar e habitar em cada cômodo. A Bíblia está repleta de passagens que nos revelam momentos em que Jesus estava à mesa e Ele se importava com essas ocasiões, pois nelas desfrutava da comunhão com pessoas, transmitia a elas valiosos ensinamentos e muitas almas eram curadas.

O dia a dia corrido, em que a sociedade como um todo está vivendo neste tempo moderno, tem nos tirado momentos de partilha à mesa. O urgente tem tomado o lugar do que é importante e não há nada mais importante do que a presença sobrenatural e milagrosa do Pai. Muitos lares não têm tido fome dessa presença divina. E o próprio Jesus disse: "Bem-aventurados os que têm fome e sede de justiça, porque serão fartos." (Mateus 5:6). Lembremos que Ele mesmo se prontificou a nos alimentar fartamente. Nosso corpo físico, nossa alma e nosso espírito ficarão mais fortalecidos.

Se me permite, quero dividir um pouco da minha história e essa começa a partir dos meus pais, Adonias e Creuza, que se casaram muito novos. Sou a mais velha de dois irmãos e pude contemplar a família aumentando desde o meu próprio casamento até a chegada de duas cunhadas e duas sobrinhas. Além disso, uma parte importante da família é nossa querida Romilda (tia Ró), que foi minha babá e mora até hoje com os meus pais. Fico feliz em dizer que sempre nos reunimos à mesa com a família e os amigos. Cresci percebendo os cuidados de minha família com os "de casa" e ao receber pessoas em casa. Um lar acolhedor!

Trouxe exemplos de zelo e cuidado com o lar para o meu matrimônio. Alguns colocados em prática, outros devido à imaturidade não foram à frente. A exemplo disso, um fato cômico e trágico é que meu marido não teve experiências agradáveis em relação a comidas feitas por mim no início do casamento. Infelizmente, não possuía nenhum dote culinário. Quando nos casamos, ele trabalhava em uma cidade vizinha e o orçamento doméstico na época não nos permitia almoçar em restaurantes. Então, estava eu cozinhando de madrugada para o meu desespero, preparando a famosa "marmita". Tinha dias, e foram muitos, em que a comida azedava ou estava salgada demais. Eu chorava muito ao imaginar que a comida estava muito ruim. Acertava algumas vezes, mas eram poucas. Eu orava a Deus para que me ajudasse nessa área porque eu queria aprender a cozinhar de forma digna para meu marido. O desfecho é que ele não almoçava e, acreditem se quiserem, ele nunca reclamou, e só me contou anos depois de casados. Por fim, posso afirmar para vocês, como testemunha viva, que existe propósito até mesmo em tempos difíceis!

Quando o Senhor permite que venham as provações, é para nos preparar para grandes coisas que Ele tem para cada um de nós. Diante dessa afirmação, posso dizer que, com o passar dos anos, as filhas nasceram e foram crescendo e, apesar de ter havido um período em que almoçávamos separados devido ao trabalho, sempre que tínhamos oportunidade estávamos à mesa juntos, principalmente aos finais de semana. Recebíamos os familiares e os amigos em casa, mesmo sem o meu domínio na arte de cozinhar. Sou grata a Deus porque a disposição e a alegria não faltavam! Esperei com paciência no Senhor e, anos depois, minhas orações foram respondidas. Vou contar um grande feito: meus dotes culinários melhoraram, para alegria de todos! Eu e minha casa pudemos vislumbrar a veracidade do que se diz em 1 Coríntios 2:9: "Mas, como está escrito: Nem olhos viram, nem ouvidos ouviram, nem jamais penetrou em coração humano o que Deus tem preparado para aqueles que o amam."

Contudo, antes de narrar aqui algumas experiências pessoais ao redor da mesa, não posso deixar de mencionar o curso Experiência do Lar, que foi um divisor de águas em minha vida, em meu lar. Conheci mulheres incríveis! Minhas mentoras (e hoje amigas) Kênia Dantas, Magali Stofel e Jordânia Eler transmitiram-me ensinamentos valiosos dos quais jamais esquecerei. Minhas alunas queridas, com as quais hoje tenho laços de amizade, sinto-me honrada em tê-las por perto, são minhas amigas do céu!

Experiências à mesa

Aprendi que, em nossas vidas, precisamos firmar o compromisso de obediência ao senhorio de Cristo. Os dias têm passado rapidamente aos nossos olhos, e infelizmente têm consumido a nossa obediência a Ele. Deus nos deixou uma ordem: "Coloque sobre a mesa os pães da Presença, de modo que fiquem diante de mim o tempo todo." (Êxodo 25:30).

Sempre gostei de decorar a mesa, via como uma "decoração" para ficar bonita, apresentável. E foi no curso do Experiência do Lar que o princípio da mesa me foi apresentado de forma tão profunda. Foi tremenda e poderosa demais aquela revelação. Hoje tenho consciência sobre esse princípio, sei do seu real valor. Tudo começa a partir da presença divina. Jesus é o Pão da Vida! O Pão da presença! Mesmo diante de nossas mazelas, Ele continua fiel, é imutável. Jesus quer entrar em nosso lar, quer cear conosco, nos chamar de amigos. Glória a Deus por esse imensurável amor!

Pela graça de Deus aprendi a ser intencional no lar. Então, trouxe à mesa meu marido e filhas. Precisava honrá-los. Preparei uma belíssima mesa posta. Muito amor, carinho e afeto envolvidos. Naquele dia, convidei Jesus para estar presente conosco. Pedi perdão primeiramente a Ele, por inúmeras vezes que O tratamos como meramente importante e não o mais importante em nossas vidas. Depois, olhei nos olhos de cada um deles e pedi perdão pelas feridas e marcas que havia gerado em seus corações ao longo dos anos. Confesso que não imaginava o que estaria por vir. Surpreendentemente, meu marido pediu para falar. A mim e às meninas, um pedido de perdão foi solicitado, pois ele também havia gerado em nós feridas. Baroncio é um homem de Deus, íntegro, um marido maravilhoso, protetor, tenho uma enorme admiração e respeito por ele, é um pai magnífico, filho cuidadoso. Ele não sabia, muitas vezes, demonstrar afeto. As marcaram ficaram! As lágrimas desceram em nossas faces. Naquele instante, o perdão foi liberado. Foi um derramar do Espírito Santo. A glória do Senhor tomou conta daquela mesa. A Presença curadora de Jesus Cristo estava ali fazendo o que homem nenhum pode fazer. Nossas almas foram curadas por Jesus!

Sempre tivemos uma boa vivência no âmbito familiar. Porém, há pouco tempo, uma situação em casa tirou-me o chão. Queria sufocar as lágrimas em meu peito. Mas foi impossível. No primeiro semestre de 2024, estava por finalizar meu curso de Psicanálise Clínica, estudando por várias horas ao dia. Não estava dando conta das demandas em meu lar. Brigas constantes entre o casal surgiram. E se como não bastasse isso, discussões corriqueiras ao redor da mesa com uma de nossas filhas sobre sua alimentação se intensificaram. Meu marido, preocupado com a saúde dela, não estava sabendo lidar com a situação e acabava se estressando. Um caos instalado! Fomos questioná-la sobre o que de fato estava acontecendo, por que ela estava tendo dificuldade em se alimentar. E a resposta veio despedaçando o meu coração: "Não tenho vontade nenhuma de comer, o aspecto da comida com muito óleo e desleixada nas panelas tira minha vontade de comer".

Minha filha é apreciadora da beleza, seus olhos brilham com algo belo e agradável. Tudo que ela não estava visualizando naqueles meses. Eu só sabia chorar. Como fui tão negligente a esse ponto? Sempre preparei o melhor para receber as pessoas. Além disso, procurava fazer para a minha família também. Porém, o corre-corre dos dias cegaram os meus olhos para o que era importante. Aqui, não cabe nenhuma justificativa.

Eu falhei com ela. Falhei com minha família. Falhei com Deus. Pedi perdão a eles!

No dia seguinte, a mesa estava posta, comida simples colocada em travessas sobre a mesa de jantar. Nossa filha comeu muito bem neste dia, que alegria! A correria do dia a dia continua, mas decidi que, a partir daquela situação, tudo iria mudar. Desde então, temos feito as refeições na mesa de jantar. Tenho usado as louças, jogos americanos, jarros com flores, deixo bilhetinhos cheios de amor para eles. No caos, o Senhor nos abençoou! Estamos mais conectados, unidos como família e unidos a Cristo. Princípios e valores são inegociáveis. Eles irão prevalecer em nosso lar. Meu marido, como sacerdote do lar, tem feito todos os dias orações antes das refeições e nos lembramos do sacrifício feito por Jesus na cruz do Calvário por nós. Temos colhido frutos dessas orações. A Presença de Jesus é visível e sentida por todos!

Prepare sua mesa, não negligencie o privilégio de estar à mesa com o amigo chamado Jesus Cristo. Estar à mesa com Ele lhe proporcionará cura, perdão, restauração, conexão, comunhão e intimidade com o Pai. Celebre a vida que Ele lhe deu, festeje os momentos e os faça memoráveis.

"Nossas almas foram curadas por Jesus."

Karine Cabral

LEILA DECOLÓ

Olá! Meu nome é Leila Decoló, sou empresária e CFO em nossas empresas Global Source, Mundial Soluções e Mentoria Integral Sistêmica Leila Decoló. Formada em Administração de Empresas, MBA e com especialização em Psicologia Positiva, Master Coach e Golden Belt pela Febracis e Florida Christian University (FCU), especialista em *coach* emocional pelo Instituto Menthes - Augusto Cury, terapeuta familiar sistêmica, psicoterapeuta em andamento pelo Instituto Veríssimo.
Ministrante dos cursos: Decifre e influencie pessoas, O poder da ação, Poder e alta performance, O poder da autorresponsabilidade e Educar, amar e dar limites. Mentora da Experiência do Lar. Centrada em resultados.
Meu propósito é transformar sua jornada, levando você ao adultecimento para construir relacionamentos saudáveis consigo e com o mundo, colocando assim em prática as quatro bases da inteligência emocional. Amadurecer é nosso caminho para a espiritualidade emocionalmente saudável.

leiladecolo

leiladecolo

leiladecolo

leiladecolo

leiladecolo

21 Sem ensaios: redescobrindo a família ao redor da mesa

Por Leila Decoló

Ainda consigo sentir o cheiro daquela comida gostosa, cheirosa e supercaprichada que a minha mãe, Dona Marlene, fazia! Sim! Sempre gostei de me sentar pertinho dela enquanto cozinhava e sentir o cheiro delicioso que saía daquela dedicação e carinho para cozinhar...

Meu prato predileto era arroz e um molho de tomate com pimentões, alho e cebola; ela fazia maravilhosamente bem! Ainda sinto o sabor e de vez em quando tenho o privilégio de pedir:

"Mãe, faz pra mim aquele molho incrível que só a senhora sabe fazer?", e ela imediatamente diz: "Claro, minha filha, faço pra você. Que dia você vem comer?"

E eu me delicio com o sabor incrível que me remete a memórias tão profundas da alma, em fragmentos de uma história em que talvez tenham faltado alguns elementos na casa; como por exemplo, a mesa; mas não faltou amor, carinho, cuidado, dedicação e um exemplo incalculável de servir com excelência e generosidade.

Eu me assentava no sofá ou às vezes no chão (eu amo sentar no chão, assim como amo colocar os pés no chão) e me deliciava com as delícias marcantes da infância.

Mais tarde vieram outros registros importantes, morando temporariamente com a avó Josefina, cozinhávamos o que plantávamos. Que tempo mágico. Minha avó dizia: "Vamos plantar quiabo, agora já é época", e eu amava plantar e esperar o crescimento do quiabo, que eu também amava comer com arroz, angu e feijão feito fresquinho. Depois ela dizia: "Agora é época de plantarmos milho e feijão". E lá íamos nós.

Nessa época, eu gostava muito de comer sentada na beirada do fogão à lenha... era quentinho e era um dos meus lugares preferidos.

Eu gostava muito de chuchu também e da abóbora. E quando minha avó dizia "Vamos criar esse porquinho", eu não imaginava que era para comer mais tarde – eu me apegava ao bichinho e na hora da despedida era sempre um grande drama. O mesmo acontecia com as galinhas. Nesse tempo, também aprendi algumas coisas bem interessantes, como não me meter em conversa de adultos. Aprendi a me servir por último e deixar a melhor parte para as visitas; se sobrasse a gente pegava uma carninha. E um pouco mais tarde aprendi a disputar lugares à mesa com meus primos.

Sim, na casa da tia-madrinha, para onde eu ia todo final de semana, a corrida era intensa, eram muitos filhos e afilhados; eu, inclusive, uma delas; e ocupar um lugar à mesa nem passava pelos meus desejos. Eu queria mesmo era comer logo para arrumar a cozinha com as minhas primas, Luciana e Eliane, e ir brincar no campo. Queimada, rouba-bandeira, bicicleta... Amava subir nos pés de jabuticaba (uma das minhas frutas favoritas – gente! Eu amo frutas!), pegava jabuticaba, comia jabuticaba, e amava também carambola – as melhores da minha vida comi nessa época.

Que tempo precioso. Um tempo em que a mesa física não existia e quando passou a existir não tinha lugares suficientes para a família toda, mas ainda assim existia a "mesa" farta, sempre tinha para nós e também para as visitas e vizinhos que chegavam sem avisar.

Aos poucos fui crescendo, o tempo foi ficando urgente demais e me assentar à mesa passou a ser um ritual intermitente e de pouca constância, em alguns momentos solitário.

Sentia falta de algo que não sabia explicar. Uma conexão que preenchesse a alma.

Casei-me, o tempo continuou urgente, o trabalho, a rotina, o sono, o cansaço; daí vieram os filhos e a vontade de estar à mesa era grande demais, mas como remodelar algo que não aprendi e que, para fazer diferente, parecia que eu precisava da permissão de alguém; ninguém havia se assentado à mesa antes; era uma espécie de "frescura", e entre essa consciência, percepção e mudança, alguns anos se passaram.

Assentava-me à mesa de forma rápida e modesta.

A mesa principal às vezes estava cheia de coisas que nem eram tão relevantes assim, mas, organizar a mesa e investir tempo sentada ali me levaria para um outro patamar de entendimento que não sei se eu gostaria; algo de que eu temia.

Fazer diferente era arriscado demais, o que viria depois disso?

Como seria receber as pessoas que um dia me serviram (com tudo o que tinham, podiam e haviam aprendido) e de repente mostrar um jeito diferente de servi-las? Soava-me como arrogância.

É isso o que muitas vezes acontece conosco.

É na dor do seu sistema familiar que você identifica a sua maior fortaleza, você identifica o seu propósito e o sentido da sua vida na sua família. Observe e ame até mesmo as dificuldades. Elas o levarão à maturidade por meio dos desafios e da gratidão.

Somos leais às nossas origens e àquilo que aprendemos como verdadeiro, ou que mantém em nós a chama da inocência e o doce sabor da infância; mas chega um tempo de crescer e fazer escolhas, um tempo de despertar! E foi assim que comecei a escrever uma nova história sobre: sentar-me à mesa!

"Você não tem que adivinhar as mudanças que virão, tem que criar o futuro" (Peter Drucker)

Descobri que era muito gostoso preparar a mesa para receber os amigos; ainda que sem muita formalidade, eu dizia: "Ó, aqui todos se servem à vontade!" (eu gosto disso), o espírito da generosidade, abundância e de servir da minha mãe, ainda correm na corrente da minha alma e da minha história. Aqui todos comem com fartura, alegria e de forma saborosa. Generosidade continua sendo um marco em nós e por meio de nós.

Um pouco mais tarde, descobri a delícia de organizar um pouco mais a mesa.

Ter tempo de olhar nos olhos, ouvir, falar, degustar, escolher a flor, o talher, o *sousplat*, o prato, a panela, o alecrim, o manjericão (descobri que amo manjericão; o cheiro dele me faz encher a alma de algo que não sei explicar direito). E o alecrim? Descobri que muito me enjoa, mas na dose certa é inexplicável como seu sabor, junto com tomatinho cereja, azeite e alho ao forno então; é surreal. Acho que tenho uma história de amor com tomates...

"O que é certo foi, é e sempre será." (Mário Santos)

Nesse tempo de mudança de roteiro sobre a mesa, aprendi a não negociar a presença dos meus filhos comigo, amo tê-los por perto; ouço a Bianca e o Rômulo pedirem como eu pedia para a minha mãe: "Mamãe, faz estrogonofe pra mim?", "Mamãe, eu não gosto de sopa, mas a sua é a melhor, faz pra mim?", "Mamãe, que saudades do seu fricassê", e dizem:

"Você fazia pra mim quando eu era menor e eu amava. Tô com saudades!"

E eu amo servi-los, calculando, planejando, organizando e fazendo sempre um novo tempo em que possam rememorar aqueles momentos que alicerçaram a história deles.

Sim, a mesa conecta, reconecta, traz memória, significados insubstituíveis daquilo que para sempre sentiremos saudades, e que aquece nosso coração quando pensamos: que tempo gostoso! Não tínhamos tudo, mas nada nos faltava. O essencial é simples! O amor preenchia as lacunas que nem mesmo identificávamos que talvez fosse uma falta.

A mesa, enquanto uma tábua, traz o significado apenas de ser o que é. Mas a mesa enquanto lugar de conexão traz a construção do significado de família, de amor, de dedicação, entrega, vida na vida.

E de história em história, legado em legado vamos compreendendo que nem só de pão viverá o homem, e que de conexão em conexão vamos nos aproximando daquilo que o nosso mestre nos ensinou: amar ao próximo como a nós mesmos, sendo este próximo aquele que está pertinho de nós, nossos filhos, marido, familiares, amigos, vizinhos, irmãos na caminhada de fé.

"Ame o seu Deus de todo o seu coração, de toda a sua alma e entendimento [...] Ame o seu próximo como a ti mesmo" (Mateus 22:37-39).

Prossigamos então a nossa jornada de fazer se assentar ao nosso redor aqueles em que mais confiamos; ainda que no meio descubramos alguns "Judas" (esses também são muito importantes para o nosso crescimento e mudança; viradas de chave); servindo sempre com tudo o que temos de melhor, chamando-os de amigos, encorajando-os quando pensam em se acovardar por medo do futuro e transformando o relacionamento num legado de transformação.

Sim. Vamos nos assentar à mesa e desfrutar de **tudo**. Só **tudo** o que o Senhor estabeleceu para nós. Ele é um Deus de amor e generosidade.

Receba dEle e transborde em todos que lhe cercam!

Isso é mesa. Isso é abundância, isso é relevância, influência, exemplo, transformação em si e a partir de si. Isso é conexão. Nossa família é a universidade da nossa alma! Então lembre-se sempre.

Quando sua inquietude for movida pela fé, pela coragem e pelo desejo ardente de acertar, o poder mágico da transformação passa a ser algo presente em suas próprias mãos.

Não sei em que momento você está, se aprendendo ou ensinando, mas posso lhe assegurar com toda certeza: não dá para mudar o começo, mas, se a gente quiser, vai dá para mudar o final.

Pegue a sua história, acolha com amor e compaixão, despeça-se do sentimento que a mantém paralisada na dor e faça a mudança que você quer ver no mundo. Comece no seu lar!

Referências bibliográficas

SANTOS, Mario Ferreira dos. **A filosofia e o homem**. São Paulo: Vértice,1979.

DRUCKER, Peter F. **The Effective Executive**. New York: Harper & Row, 1966.

"Converta sua dor em força! O Reino de Deus não aceita almas ociosas. Apresente-se com vestes alvas e frutos multiplicados."

Leila Decoló

LU CABRAL

Sou Luciana Cabral, resido em Governador Valadares/MG, sou casada há trinta e um anos, tenho três filhos, um genro e uma nora.

Sou professora e consultora de etiqueta, mesa posta e também mentora da experiência do lar, onde sinto o chamado de Deus para ajudar mulheres a despertarem em si o melhor para o seu lar. Conhecer o chamado de Deus nos dá clareza quanto ao Seu propósito em nossa vida e confiança para tomar decisões.

lucabral.l

FAMÍLIA

conectada à mesa

22 Resgatando conexões e tradições ao redor da mesa

Por Lu Cabral

Nas últimas décadas, nosso mundo passou a depender de instantes. Não dedicamos mais tempo a nos reunir ao redor da mesa para as refeições. Compromissos excessivos, atividades extracurriculares dos filhos e distrações como seriados, celulares e jogos dificultam ainda mais que todos se sentem à mesa no mesmo horário e, mais difícil ainda, que permaneçam até o final da refeição. A dificuldade de montar uma mesa posta, aliada à falsa sensação de que, se não o fizermos, teremos mais "tempo livre", nos acomoda; são tantos os motivos...

Honestamente, não tenho certeza se existe uma resposta fácil. Lembro-me de que, quando nossos filhos eram pequenos, as refeições eram sempre servidas em uma mesa posta, às vezes simples, outras vezes mais elaborada. Nos finais de semana, eu usava a criatividade para algo diferente: mesas temáticas, com os comensais vestidos a caráter, eram pura diversão. Em algumas ocasiões, as conversas se aprofundavam sobre vida e fé, que se prolongavam, a ponto de continuarmos à mesa conversando mesmo após a sobremesa.

As refeições em família são oportunidades perfeitas para compartilharmos experiências e discutir valores com nossos filhos. A mesa é um local acolhedor, em que as famílias se sentam próximas, mantendo a distância confortável para uma boa conversa. Comer ao redor da mesa nos manteve conectados como família, ajudando-nos, como pais, a manter contato com nossos filhos durante a adolescência e até a idade adulta. Hoje, mesmo casados, quando nos visitam, preferem um jantar em casa a um belo restaurante: "é mais aconchegante". Ainda agora, sentados à mesa, eles gostam de trazer histórias antigas sobre seus irmãos, com a intenção de rir e se divertir.

É essencial refletirmos sobre como têm sido nossos momentos à mesa: têm sido proveitosos? Desligar a TV, deixar *smartphones*, *tablets* e telefones de lado é uma maneira de prestar atenção ao que se diz, come e faz durante o almoço, café ou jantar. É um momento importante, que envolve aspectos emocionais e afetivos da nutrição. Comer não é apenas uma questão de pratos e alimentos, mas um comportamento essencial para nossa sobrevivência, que se fundamenta, dependendo dos diferentes contextos culturais, em mitos, regras, crenças e hábitos. Assim como acontece com a comida, precisamos saborear nossos comportamentos e emoções, fragmentá-los, decompô-los, mastigá-los e digeri-los, mantendo contato com o que sentimos, pensamos e fazemos.

As refeições em família oferecem a oportunidade ideal para compartilhar experiências e discutir valores com os filhos. O esforço para que isso aconteça contribui para o desenvolvimento deles e fortalece o relacionamento com o cônjuge. Esforce-se para manter a conversa à mesa positiva e envolvente. Em Lucas 7:34, temos um exemplo: Jesus comia com uma grande variedade de pessoas sem julgar seu passado. Ele não usava os jantares para confrontar os pecados dos seus companheiros, já que continuavam desejando sua companhia. Sempre que possível, priorize a conexão positiva em vez de repreensões.

Além de toda essa interação familiar, pesquisas recentes mostram que crianças que fazem refeições em família são menos propensas a consumir álcool, fumar, usar drogas, desenvolver distúrbios alimentares, cometer suicídio e engravidar precocemente. Estudos complementares indicam que essas crianças têm um vocabulário mais amplo, melhores maneiras, dietas mais saudáveis, maior autoestima, melhor desempenho acadêmico e menos problemas comportamentais (The Family Dinner Project[1]).

Acredito que é hora de, como sociedade, resgatarmos alguns bons e velhos valores alimentares. Precisamos nos reunir à mesa novamente, apreciar uma refeição caseira e até mesmo lavar a louça juntos. Como permitir que nossos netos, parentes e amigos sejam criados no caos que vivemos atualmente? Se dermos pequenos passos para incorporar refeições em família e divulgarmos esse hábito e seus benefícios, poderemos ver uma sociedade melhor.

1 Disponível em: https://thefamilydinnerproject.org/. Acesso em: 7 out. 2024.

Que tal começar a atrair os comensais com uma bela mesa posta? A beleza nos atrai, e uma mesa bem arrumada reflete o carinho de quem a preparou, pensando em quem vai se sentar ali. Uma mesa cuidadosamente posta é como uma tela, na qual a refeição e as conversas pintam memórias. A criatividade é essencial na montagem de uma mesa, combinando porcelanas estampadas e simples, organizando peças centrais inventivas e esperadas, usando uma mistura de castiçais à noite. A cor é um bom ponto de partida, ajudando a definir o clima. Apesar das regras tradicionais de etiqueta, há espaço para individualidade e autoexpressão. Gosto de "decorar" minha mesa, pois isso reflete minha criatividade e humor. Aprecio um tema e amo o clássico. Sempre que possível, envolva os filhos nesse processo.

Outro aspecto importante para a conexão à mesa é a comida. Ela é tão poderosa! É realmente o grande conector. Cozinhar os pratos favoritos da família não apenas atrai todos à mesa, mas também evoca boas lembranças. Permita que os familiares se revezem na escolha do cardápio. Isso os deixa entusiasmados e engajados. Atribua funções a todos, desde as crianças até os adolescentes, seja arrumando a mesa ou limpando. A preparação e organização são momentos de convivência. Planeje com antecedência; quando o tempo for curto, opte por receitas rápidas, para que ninguém fique mal-humorado. Mantenha o ambiente leve, coloque uma música de fundo que agrade a todos e desligue as telas. Estabeleça e mantenha a regra: ninguém sai da mesa até que todos terminem de comer. Isso reforça a importância do tempo em família. Ao sentar-se à mesa, é essencial ter um momento de gratidão a Deus pelo alimento e pela presença das pessoas. Esses gestos repetidos e intencionais criam conexões e memórias duradouras.

Certa vez, ouvi a frase: "O mundo começa em uma mesa de cozinha". Acredito no poder de compartilhar uma refeição, na importância das mesas e na graça de reunir gerações de amigos e familiares com a desculpa de que todos nós precisamos comer. A mesa da cozinha, da sala de jantar, da área *gourmet*, é onde as crianças aprendem o que significa ser humano — é ali que preparamos mulheres e homens enquanto passamos pratos e dividimos o pão. Precisamos de um lugar para conversar com alegria, tristeza e gratidão, e a mesa é um excelente lugar para isso.

Eu amo uma mesa bem arrumada. Não precisa ser chique, mas gosto que haja cor, história e boa comida presente antes de todos se sentarem. Adoro "enfeitar" a mesa com belas toalhas, jogos americanos, organizando pratos e talheres, colocando flores, acendendo velas... Aprecio tanto jantares tranquilos, com apenas uma ou duas amigas, quanto refeições mais ecléticas e barulhentas, onde todos se reúnem ao redor da mesa. O que posso dizer? Venho de uma linhagem de mulheres que se deleitam com pratos, guardanapos e comida, e que têm o hábito de reunir a família.

Evocar a vida familiar é trazer à tona todas essas memórias sensacionais, distantes e, no entanto, tão queridas, que tiveram a mesa como contexto e palco. É em torno da mesa doméstica que pais e filhos se reúnem repetidamente. O verdadeiro centro da casa, o coração da família, é a mesa. É ali que a família se encontra para produzir sua história; é em torno dela que uma memória familiar se escreve, se regenera, se perpetua, e que esse "coletivo íntimo" se manifesta em uma aparência de unidade e harmonia.

Nossa memória sensível nos remete aos pratos compartilhados, à organização das refeições, à sucessão dos pratos, tudo isso muitas vezes dando origem a uma encenação ritualizada durante esse momento "sagrado". A partilha vai muito além do ato de alimentar, pois é na comensalidade que se cria um clima propício à comunhão. A vida familiar ao redor da mesa nos deixa lembranças de estarmos juntos, por meio da presença, dos olhares, dos sorrisos, das histórias do dia e dos gestos à mesa, que fazem dela um importante espaço de convivência.

A hora das refeições é uma oportunidade valiosa para as famílias trocarem histórias, anedotas e experiências. São momentos em que criamos uma rica tapeçaria de memórias e conexões. As refeições compartilhadas desempenham um papel essencial no desenvolvimento social e emocional, fortalecendo laços que perduram por toda a vida. Compartilhar histórias não apenas fortalece os vínculos familiares, mas também oferece uma plataforma para o desenvolvimento da linguagem e a valorização cultural, proporcionando uma janela para diferentes culturas e tradições, e estimulando curiosidade e compreensão. Ao cultivar a tradição de contar histórias ao redor da mesa, as famílias criam um ambiente estimulante, onde a comunicação floresce, os relacionamentos se aprofundam e memórias preciosas são produzidas.

Em conclusão, as refeições compartilhadas têm um significado que vai além de simplesmente alimentar e saciar a fome. Essas ocasiões são oportunidades valiosas para que os membros da família se conectem em um nível mais profundo, favorecendo o desenvolvimento social e emocional das crianças. Por meio de interações regulares durante as refeições, a família participa de conversas significativas, compartilhando experiências, pensamentos e sentimentos. Essa comunicação aberta não só fortalece os laços familiares, mas também cria um senso de pertencimento e unidade no lar. Além disso, arrumar a mesa é um ritual rico, com raízes profundas na tradição e um valor especial na sociedade acelerada de hoje. É um convite para desacelerar e valorizar os momentos de união com atenção plena e criatividade.

Espero que possamos adotar e difundir esses pequenos passos e que, à medida que enfrentamos os desafios do mundo moderno, possamos redescobrir o valor dessa prática simples, mas profunda, que nos ajuda a nos reconectar conosco, com os outros e com o mundo ao nosso redor. Ao nos reunirmos ao redor da mesa, lembremo-nos de que não se trata apenas da comida que partilhamos, mas também das conexões que estabelecemos, das tradições que mantemos vivas e da presença consciente que trazemos a cada refeição. Afinal, a mesa é um lugar que alimenta conversas, fortalece laços, cimenta relacionamentos e tece memórias.

"A mesa é um lugar onde se alimenta conversas, fortalece laços, cimenta relacionamentos e tece memórias."

Lu Cabral

MAGALI STOFEL

Sou Magali Stofel, natural de Resplendor/MG, atualmente resido em Ipatinga/MG com meu amado esposo Frederico Freitas, com quem sou casada há 22 anos. Sou filha amada de Deus, seguidora e serva do Senhor, guardiã do meu lar, esposa, filha, irmã, tia, amiga, professora, mentora de mulheres, escritora e uma apaixonada por pessoas.

Minha relação com a mesa começou ainda criança, mas a partir da leitura do livro *A experiência da mesa*, de Devi Titus, meus olhos se abriram e comecei a ensinar mulheres sobre a importância desse móvel em nossa casa. Como mentora da Experiência do Lar desde 2019, pude então repassar os valores e princípios bíblicos que o nosso amado Deus nos deixou, e ensinar, incentivar e estimular mulheres a resgatar e valorizar os momentos à mesa.

magalistofel

experienciadolar.ipa

FAMÍLIA

conectada à mesa

23 M.E.S.A.

Por Magali Stofel

Estar aqui escrevendo sobre **mesa** é algo que deixa meu coração acelerado. Venho de uma família que sempre preservou esses momentos ao redor da mesa como algo sagrado, importante e de comunhão. Mesa é muito mais que um local para compartilharmos o alimento, é um local de vida!

Minha família até hoje ama se reunir ao redor da mesa. Tudo é motivo para esses encontros preciosos. Aniversários, dias comuns, vivenciando problemas, luto, resolução de conflitos e tantos outros. Nosso desafio como família tem sido manter essa tradição à medida que os mais velhos estão partindo. Nossa geração não pode deixar que esse legado se perca.

À medida em que crescia, fui observando que muitas famílias não eram como a minha. Comiam em frente à tv, não faziam refeições juntos, não se preocupavam com a qualidade dos alimentos e nem mesmo davam graças a Deus pela provisão. Simplesmente não oravam! Tenho visto hoje em dia pais muito ocupados, não tendo tempo para sentar-se à mesa com seus filhos. Trocando os momentos preciosos por *fast-foods*, restaurantes, lanchonetes, e até mesmo, em alguns lares, é notável a ausência de mesas, que foram trocadas por bancadas para refeições rápidas. As cozinhas foram ficando cada vez menores e menos atrativas.

Quando me deparei com o livro *A experiência da mesa*, de Devi Titus, meus olhos se abriram e entendi com clareza como esse móvel ainda é mais importante do que meus pais e avós pensavam.

Isso me levou a valorizar e a priorizar ainda mais os encontros à mesa da minha casa. E eu lhe faço uma pergunta: como é a mesa da sua casa? convidativa ou um lugar de enfeites, ou até mesmo de entulhos?

A partir do momento em que li esse livro e me tornei mentora da Experiência do Lar, passei a compartilhar muito mais esses ensinamentos e aprendizados com outras mulheres, na certeza que esse é um **princípio bíblico**, e que, quando colocado em prática na nossa vida, nos leva à saúde física, emocional e espiritual. Para mim **mesa** é este lugar! Um lugar de **M**emória, **E**xperiência, **S**acrifício e **A**mor.

Memória

Você tem memórias afetivas com relação à casa de seus pais ou avós? Eu tenho muitas. A maioria estão relacionadas aos cheiros, aromas, sabores, gostosuras de *vó*, biscoito de polvilho frito, cocada, bolo quentinho, e muito mais. Tudo isso acontecia e foi vivido em volta da mesa. Essas lembranças nos trazem emoções intensas e significativas, algumas são tesouros invisíveis e inesquecíveis.

Memórias afetivas construídas ao redor da mesa fortalecem os vínculos, permitem troca de afetos, comunhão e celebração. As mesas que nos trazem grandes recordações nem sempre são aquelas com as melhores louças, as comidas mais sofisticadas, ou as pessoas mais bem-arrumadas, e sim aquelas onde nos sentimos amadas, protegidas, respeitas e seguras.

Vivenciar momentos e criar memórias ao redor da mesa é um eficaz instrumento de restauração familiar. Há uma nutrição profunda dos relacionamentos, restauração de emoções e fortalecimento da comunhão. As memórias mais felizes da nossa infância e adolescência foram criadas ao redor da mesa.

Experiência

Vemos no ministério de Jesus que as pessoas viviam grandes experiências com Ele ao redor da mesa. Ele amava fazer uma refeição junto com seus amigos, e esses momentos eram recheados de ensinos e encorajamento. Durante a última ceia, os discípulos viveram uma grande experiência com Jesus. No entanto, no caminho para Emaús não reconheceram que era o Mestre que caminhava com eles. Somente quando chegaram de novo à mesa, ao partir do pão, O reconheceram e viveram uma grande e nova experiência, pois desde o princípio seus corações ardiam pela presença.

Ao redor da mesa, podemos viver grandes experiências com nossa família, amigos, colegas de trabalho e autoridades. À mesa, podemos ofertar honra, reconhecimento, consideração, tempo de aprendizado, solucionar conflitos familiares e profissionais e, também, recebermos e liberamos perdão.

Lembram que Pedro havia negado Jesus por três vezes antes de o galo cantar? Então! Depois disso, após uma noite inteira de pescaria, Jesus aparece na praia e convida Pedro para uma refeição. Nesse encontro, por três vezes o Senhor pergunta a Pedro se ele O amava. E depois da afirmativa de Pedro, Ele o comissiona ao ministério dizendo: apascenta o meu rebanho. Nossa mesa pode ser um lugar de cura, de restituição, restauração, íntima comunhão e uma oportunidade única de união e perdão. Olhos nos olhos, todos praticamente na mesma altura, conversando, ouvindo, experimentando, conectados e aprimorando nossa comunicação.

Sacrifício

"Façam isso em memória de mim!" (1 Coríntios 11:24 ARA) Fazer algo em memória é o mesmo que relembrar, repetir. Sacrifício nada mais é do que o "sacro officio", ou tornar sagrado. Precisamos relembrar, em todas as nossas refeições, todo o sacrifício e amor de Deus por nós, ao enviar seu filho para morrer em nosso lugar, foi para tornar sagrado esse memorial.

Por meio da mesa podemos demonstrar o amor sacrificial de Jesus por cada um de nós e a promessa de vida eterna pelo partir do pão e do vinho, em que Jesus primeiro reparte e depois come. Onde repartimos, nunca há escassez. Ninguém come em excesso e ninguém tem falta.

Esse amor sacrificial nos ensina os princípios de humildade, servidão, perdão e graça, algo que precisa ser resgatado em muitas famílias de hoje. Precisamos arrumar a mesa, e ao partir do pão, torná-lo sagrado pela oração e demonstrar esse amor tão grande que Jesus tem por nós. Ao nos sentarmos à mesa, somos lembrados de que tudo o que temos vem das mãos de Deus, e devemos ser gratos por Sua provisão. A partir desse ato sagrado, podemos olhar o outro mais de perto, escutá-lo mais de perto, senti-lo mais de perto e viver um momento único.

Amor

"Levou-me à casa do banquete, e o seu estandarte sobre mim era o amor." (Cantares de Salomão 2:4 – ACF). A importância da mesa na nossa casa é algo que se tem falado muito nos dias de hoje. Precisamos entender que por meio do simples ato de preparar a mesa e uma refeição coletiva pode-se trazer cura e restauração para a sua família. Preparar a mesa é uma expressão de amor por sua família. Preparar uma refeição é colocar todo o seu coração para o serviço sagrado da mesa de nossa família.

Nossa mesa precisa ser preparada com muito amor, com intencionalidade, com honra, convidando sempre o Pão da Presença (Jesus) para ocupar o seu devido lugar. Sendo essa uma rica oportunidade para que a família construa um relacionamento saudável.

Mesa é altar, lugar de expressar amor a Deus e à sua família. É lugar de presença. A pessoa mais especial está dentro do nosso lar. O próprio Jesus! A mesa nos lembra do amor incondicional de Deus e do Seu plano de redenção para a humanidade, trazendo esperança e nos lembrando do perdão e vida eterna. Ao redor da mesa, com uma refeição preparada com carinho, podemos expressar de forma prática o amor por nossa família.

Conclusão

Para concluirmos, não podemos deixar de chamar sua atenção para a seriedade desse assunto.

Nos dias de hoje temos visto famílias muito ocupadas. A vida moderna cada vez mais exigindo nosso tempo, o excesso de compromissos, a falta de tempo para compartilhar um momento ao redor da mesa, não preparando uma refeição juntos, vivendo de restaurante em restaurante, marmitas, *fast-foods* e tantas outras situações.

Na verdade, isso é apenas falta de prioridade. Quando descobrimos a riqueza da mesa, tudo volta ao seu devido lugar, inclusive o retorno da família para esse móvel tão esquecido das nossas casas.

Quero encorajá-la a olhar a sua mesa com outros olhos. Pare um pouco, retire um tempo, viva o momento, crie memorias afetivas, viva uma nova experiência, faça suas refeições em memória dEle e com Ele e experimente o amor de Deus restaurando a sua família. Valorize quem Deus tem colocado à sua mesa!

Não pense que isso acontecerá como que num passe de mágica, da noite para o dia. Não! Exigirá de você e de sua família perseverança e persistência.

Mesa é o lugar de encontro com os seus bens mais preciosos, lugar de encontro com Deus, de formação de vínculos, troca de afeto, comunhão, valorização, discipulado, unidade, oração, celebração, cura, reconstrução, sentimento, gratidão, transformação, revelação, autoridade e tantas outras coisas.

Coloque a mesa da sua casa em ação e experimente o Pão da presença restaurando toda sua família, nutrindo os relacionamentos, restaurando as emoções e a comunhão. A nossa mesa precisa ser lugar de cura e não de dor. Use-a intencionalmente para semear palavras de vida.

Imagine uma família em que todos os dias, todos fazem pelo menos uma refeição juntos. E fazem essa refeição de maneira intencional, vivendo de verdade esse momento. Conversando sobre os assuntos importantes do dia, sobre o Evangelho, orando juntos, compartilhando suas dificuldades, testemunhando suas vitórias, livrando-se da ansiedade, celebrando alegrias, agradecendo a Deus e permitindo que o diálogo saudável aconteça.

Não podemos deixar que a indiferença, rejeição, intolerância e solidão façam parte da nossa mesa, nem que a pressa a elimine da vida comum do lar. Construa esse lugar de relacionamento com Deus e com seus amados, passe mais tempo juntos.

Mesa é um lugar terapêutico,

Mesa é lugar de cura.

Mesa é altar.

Mesa é lugar de milagres.

Fazer as refeições em família transforma relacionamentos. Resguarde, persevere e proteja seu lar, casamento e família. Desfrute de todo o amor de Deus e sinta a presença redentora de Jesus na sua mesa.

A mesa é para todos, compartilhe desse momento com outras pessoas, pratique esse ato de generosidade, hospitalidade e amor ao próximo. Experimente!

Crie e preserve a tradição de sentar-se à mesa com sua família e com outras pessoas. Continue a reunir em torno da mesa, nutrindo tanto o corpo quanto a alma.

Referência bibliográfica

TITUS, Devi. **A experiência da mesa**: os segredos para criar relacionamentos profundos. São Paulo: Mundo Cristão, 2013.

"Reúna-se à mesa com sua família, crie memórias, viva experiências e celebre o amor!"

Magali Stofel

RENATA MACAMBIRA

Tenho 47 anos, casada há 25 anos com o pastor Jediael Rosa e mãe de três príncipes do Senhor: Kaíque, Gabriel e Israel. Ungida missionária pela Igreja Evangélica Projeto Ômega de Ipatinga. Formada em Letras, trabalhei como professora e coordenadora pedagógica por 15 anos lecionando para adultos e crianças e atendendo a pais e alunos.
Mentora de mulheres desde 2009, hoje mantenho o Instagram ministerial @so.para_elas, em que são dadas dicas de rotina para mulheres e mães cristãs com receitas, cuidados da casa, mesa posta, devocionais, dicas de relacionamentos e educação de filhos.
Mentora do curso *Experiência do Lar*.

so.para_elas

FAMÍLIA
conectada à mesa

24 À MESA: NUTRINDO CORPO, ALMA E ESPÍRITO

Por Renata Macambira

Vivenciar uma realidade de mesa posta todos os dias da semana e durante o máximo de refeições possíveis em meio à nossa correria do cotidiano parece uma loucura, não é mesmo? Já temos tantas coisas para fazer: tarefas como sermos mães, filhas, esposas, servas de Deus, mulheres, donas de casa.... e por aí vai. Por que alguém que já sabe e vive tanta diversidade de tarefas iria sugerir ainda mais coisa para fazer?

Na verdade, o que percebo em meio aos discursos das mulheres que recebo na minha casa para o curso Experiência do Lar e também, nas falas das que atendo no *direct* do Instagram @so.para_elas, é que a maioria das mulheres cristãs nunca percebeu a mesa como algo ensinado e pedido por Deus. Eu mesma, na minha caminhada cristã, nunca tinha ouvido falar sobre a mesa como um princípio, ou seja, algo inegociável. Sempre vivenciei a mesa posta e todas as refeições em família e assentadas à mesa, mas de uma maneira natural, não intencional.

Cresci numa família simples, mas na qual todas as refeições eram feitas à mesa, todos assentados e usando os devidos talheres e pratos. Então, quando me casei, levei esse mesmo costume para minha rotina de casamento. Sempre coloquei a mesa para meu marido e eu fazermos as refeições juntos, inclusive antes de termos nossos filhos. E, quando recebíamos pessoas na nossa casa, sempre queria enfeitar a mesa de maneira mais sofisticada e mais elaborada, de modo que ficasse convidativo para ficarmos papeando nela mesmo quando a refeição já tivesse acabado.

Você já parou para perceber o que a Bíblia fala sobre a mesa? No Salmo 128:3, é falado sobre a alegria do homem que teme ao Senhor e que, como recompensa, "sua mulher será como videira frutífera em sua casa; seus filhos serão como brotos de oliveira ao redor de sua mesa".

Na passagem a seguir, vemos comunhão e partilha: "Adoravam juntos no templo diariamente, reuniam-se nos lares para comer e partiam o pão com grande alegria e generosidade." (Atos 2:46).

Aqui, vemos mesa como um mandamento e algo providencial para unirmos presença de Deus e provisão de Deus:

1. "Faça também uma mesa de madeira de acácia [...] faça recipientes especiais de ouro puro para a mesa: tigelas, talheres, vasilhas e jarras, que serão usados para as ofertas derramadas." (Êxodo 25:23, 29).
2. "Coloque sobre a mesa os pães da presença, de modo que fiquem diante de mim o tempo todo." (Êxodo 25:30).
3. "Eis que estou à porta e bato. Se você ouvir minha voz e abrir a porta, entrarei e juntos faremos uma refeição como amigos." (Apocalipse 3:20).

E, finalmente, a mesa como lugar de honra e refúgio:

1. "Providenciou roupas novas para Joaquim, no lugar de roupas de prisioneiro, e permitiu que ele comesse na presença do rei enquanto vivesse" (2 Reis 25:29).
2. "Prepara-me uma mesa perante mim na presença dos meus inimigos" (Salmos 23:5).

A maneira mais eficaz, rápida, objetiva e completa de agregarmos a mesa posta no nosso dia a dia é dividindo as tarefas. E, neste capítulo, eu vou colocar aqui para vocês como que faço aqui na minha casa. Mas isso não é uma receita de bolo, sabe? Precisamos adaptar nossa rotina e também o perfil temperamental dos nossos filhos para conseguirmos os melhores resultados. Mas como assim? Aqui na minha casa tudo funciona à base de "combinados" e, de vez em quando, vamos variando as tarefas.

Como leram há alguns parágrafos acima, sou mãe de três meninos, ou seja, teoricamente falando, era para eu viver em um ambiente mais "masculino" e sem "mesa posta", certo? Errado! O fato de propor mesa posta para meus filhos não agride a masculinidade deles. Na verdade, estou preparando eles para que as promessas do Senhor se cumpram na vida deles o quanto antes.

Então, por aqui, duas vezes por semana podemos deixar o cardápio de lanches da noite por conta dos filhos adolescentes. Nessa idade, eles já curtem experimentar receitas e podem executá-las com segurança. Além de se sentirem úteis e pertencentes à rotina da casa, isso faz com que passem a reconhecer o valor do serviço prestado. No dia em que um cozinha, o outro pode colocar a mesa. E aquele que "só" comeu pode contribuir com a louça suja. Os filhos menores também podem participar no cardápio e no preparo de sanduíches e escolha da louça que vai ser usada. Quem disse que para termos mesa posta e refeições feitas em casa significa que vamos fazer tudo sozinhas? Aproveite a oportunidade para gerar memórias afetivas e vínculos com seus filhos! E dividir as tarefas também!

Ao servir a refeição, utilize a mesa para ministrar noções de etiqueta e bons modos para os filhos à mesa. Também é uma ótima oportunidade para ensinarmos valores como gratidão, respeito e amor ao próximo. Na mesa, seu filho pode aprender a respeitar o limite do outro, a ter que esperar a sua vez de servir, a se servir levando em conta quantos ainda têm para comer. Ao restringir o uso de eletrônicos à mesa, incentivamos os laços afetivos, o vínculo e as aptidões básicas de comunicação, como esperar o outro concluir o raciocínio e respeitar as diferentes opiniões. Gentileza também pode ser ensinada... Incentive elogios para quem preparou a refeição. Isso também gera percepção de gratidão. No livro *Família, lugar de refúgio ou campo de batalha*, Dr.ª Ilma Cunha diz que

> família é um grupo cultural. É ela que, por meio de sua estruturação psíquica, possibilita o homem estabelecer-se como sujeito e desenvolver relações com a sociedade. A família não se constitui apenas por um homem, uma mulher e filhos. Antes disso, ela é uma estrutura onde cada membro ocupa um lugar e uma função. É dessas funções e desses lugares que dependem a nossa estruturação psíquica e a nossa formação como sujeitos.

Uma vez que percebemos a enorme gama de recursos que temos com o que trabalhar com nossa família assentada à mesa, fica praticamente impossível viver sem essa prática. Principalmente quando experimentamos a presença sobrenatural de Jesus como o pão da presença em nossas refeições. Ensine gratidão aos seus filhos agradecendo pelo alimento e a provisão de Deus em sua mesa e também ensine seus filhos a convidarem o Pão da Presença para participar da refeição! No Salmo de número 78, versos 3 a 6, o texto bíblico nos mostra como a família deve cumprir seu papel de "passadora de valores culturais e espirituais", ao mesmo tempo em que constrói a identidade de seus membros e neles o sentimento de pertencimento da mesma:

> o que ouvimos e aprendemos, o que nossos pais nos contaram. Não os esconderemos dos nossos filhos; contaremos à próxima geração os louváveis feitos do Senhor, o seu poder e as maravilhas que fez. Ele decretou estatutos para Jacó, e em Israel estabeleceu a lei, e ordenou aos nossos antepassados que a ensinassem aos seus filhos, de modo que a geração seguinte a conhecesse, e também os filhos que ainda nasceriam, e eles, por sua vez, contassem aos seus próprios filhos.

A mesa é o cenário perfeito para fazermos isso! Mas o que temos visto é que as famílias, hoje, têm sido reféns de uma rotina entregue à pressa, à correria, ao isolamento, principalmente na hora das refeições: as mesas sendo substituídas pelos balcões, pessoas sendo substituídas pelos celulares e comida sendo trocada por lanches expressos. O resultado disso tudo é uma geração de famílias sem identidade e sem história; ou seja, uma família enfraquecida. A Bíblia nos adverte sobre essa situação:

"Pergunte às gerações anteriores e veja o que seus pais aprendereram, pois nós nascemos ontem e não sabemos nada." (Jó 8:8-9)

"Lembrem-se dos dias do passado; considerem as gerações há muito passadas. Perguntem aos seus pais, e estes lhes contarão, aos seus líderes, e eles lhes explicarão." (Deuteronômio 32:7)

Para terminar, vou deixar aqui para vocês uma lista de sugestões de lanches bem fáceis e práticos que vocês podem primeiramente fazer com seus filhos e, depois, eles mesmos, prepararem as refeições para servir à família, quem sabe duas vezes por semana? Monte um cardápio com eles de acordo com as atividades que todos têm durante a semana, de modo que quem está no dia mais folgado vai ser quem vai contribuir naquele dia.

Relacionamentos exigem tempo e se você está realmente engajada em resolver essa questão, vai ter que reorganizar suas prioridades e sua agenda vai ter que sofrer modificações. "Neste mundo frenético, as refeições podem ser a única oportunidade de você e sua família compartilharem momentos preciosos juntos." (Devi Titus, *A experiência da mesa*). Dinâmicas do tipo "Semana do Sanduíche" ou "Semana da Massa" também aquecem a rotina e deixam o cardápio superágil e prático. Fazer o cardápio da semana junto com a família facilita, inclusive, a ida ao supermercado.

Crepiocas, omeletes, *wraps*, sanduíches e pizzas de frigideira têm um lugar todo especial nos corações dos adolescentes! Uma queridinha que não fica sem marcar presença aqui na nossa geladeira é a massa de pastel! Aqui em casa, ela já virou até torta de palmito e de frango também! Usamos massa de pastel para fazermos "falsos quiches", empanadas... Uma dica: preze pelo simples e o descomplicado! Quanto menos ingredientes, melhor! Acredite: a melhor saída sempre será apostar nas receitas que usam o mínimo de ingredientes. Usamos o básico e o simples: uma fonte de proteína e uma fonte de carboidrato e muita cor: verduras e temperos.

Ficou curiosa? Aproveite para dar uma olhada nas receitas que temos lá no nosso Instagram, pois são todas superfáceis de fazer e sempre estamos inventando uma maneira de recriá-las para adaptarmos na nossa rotina!

Um terno abraço e que este capítulo venha a incentivá-la a querer estar sempre ao redor da mesa com sua família, nutrindo não só o corpo, mas também gerando emoções saudáveis na alma e vínculos no espírito.

Referências bibliográficas

CUNHA, Ilma Lucy G. **Família, lugar de refúgio ou campo de batalha?** Rio de Janeiro: Central Gospel, 2018.

TITUS, Devi. **A experiência da mesa**: o segredo para criar relacionamentos profundos. São Paulo: Mundo Cristão, 2013.

"Propor refeições à mesa com meus familiares é a ferramenta mais completa e eficaz que posso usar para educar meus filhos de maneira integral."

Renata Macambira

SABRINA CAMPOS COELHO

Sou Sabrina Campos Coelho Costa, natural e residente de Governador Valadares/MG. Casada há 22 anos com Rodrigo Fabiano, mãe de Téofilo e Ana.

Sou dentista especializada em Ortodontia e Estética. Mas a conexão à mesa é tão presente em minha vida que hoje também sou empreendedora no ramo de artigos para mesa posta, algo que me incentivou a fazer cursos de etiqueta, anfitriã, caligrafia, arranjos florais e confecção de porta-guardanapos.

Acredito que a Odontologia e a arte de preparar a mesa se complementam, ambas demonstrando cuidado e carinho com o próximo. Para mim, essa conexão das mãos com o coração é essencial em tudo o que faço.

sabrinacamposgv

felizaniversario.home

+55 (33) 99971-2028

sabrinafitgv@gmail.com

FAMÍLIA

conectada à mesa

25 À mesa com Cristo: redescobrindo a conexão familiar

Por Sabrina Campos Coelho

A mesa como alicerce familiar

Cresci em uma família em que a mesa era mais que um simples móvel; era o coração pulsante de nossa casa. Sendo um dos seis filhos de Dona Terezinha Maria Coelho, aprendi desde cedo a importância da mesa. Minha tarefa, que era a de arrumar a mesa, não era apenas uma obrigação, mas um ótimo aprendizado.

Ao formar minha própria família, fiz questão de manter viva a tradição. Hoje, vejo os frutos dessa prática em nossa dinâmica familiar, reafirmando a mesa como um poderoso instrumento de conexão, amor e fé. Essa experiência moldou minha vida adulta e influenciou não apenas minha carreira, mas também meu recente empreendimento dedicado a artigos para mesa posta. Agora, quero convidá-los, à luz dos exemplos de Jesus, a transformar nossas mesas em altares de comunhão familiar e espiritual.

A Última Ceia: um modelo de comunhão

Entendo ser de grande importância a reflexão e a compreensão da cena da Última Ceia de Jesus Cristo com Seus discípulos, narrada em Mateus (26:17-30). Jesus tinha plena consciência de que Seu tempo neste mundo estava chegando ao fim. Assim, Ele escolheu passar Seus últimos momentos na companhia de Seus discípulos ao redor da mesa. Você acha que essa escolha foi aleatória? Óbvio que não foi. Foi um ato profundamente significativo.

Foi naquela noite emblemática que Jesus transformou a tradicional Páscoa judaica em um símbolo eterno para representar seu amor sacrificial por nós. Foi partindo o pão e compartilhando o vinho ao redor de uma mesa com seus familiares na fé que Ele estabeleceu um novo pacto, uma nova e eterna aliança. Desse modo, Ele instituiu a prática da comunhão, um sacramento praticado até os dias atuais por toda a cristandade. Essa escolha de Jesus demonstrou que as refeições compartilhadas podem representar muito mais do que meros momentos de alimentação.

A reflexão sobre a Última Ceia de Cristo com seus discípulos nos leva ao desafio que devemos assumir diante de nossas próprias mesas em família, sobre como aproveitá-las e torná-las oportunidades preciosas de profunda comunhão, não apenas uns com os outros, mas com Cristo.

Do mesmo modo que Jesus compartilhou não apenas o alimento, mas também Seu corpo e Seu sangue com Seus discípulos, nós também somos chamados a fazer o mesmo em nossos momentos de refeição em família.

A mesa como lugar de conexão espiritual

A partir da Última Ceia, Jesus legou aos discípulos e às primeiras comunidades cristãs o ato de "partir o pão", algo que se tornou central para a vida das comunidades cristãs primitivas.

Em Atos 2:42-47, temos o relato de que os crentes "perseveravam na doutrina dos apóstolos, na comunhão, no partir do pão e nas orações". Eis uma prática que ia muito além da simples satisfação da fome física.

A história dos discípulos no caminho de Emaús (Lucas 24:30-31) é uma bela ilustração da importância da mesa como lugar de conexão e encontro com Cristo. O texto é bem objetivo e destaca propositalmente que foi no momento de partir o pão que Seus olhos se abriram e eles reconheceram Jesus ressuscitado.

Quando, cheios de gratidão, nos reunimos à mesa, temos a oportunidade de reconhecer o sacrifício de Jesus em nosso favor e somos estimulados a nos sacrificar em favor dos nossos. E assim vamos transformando o que antes seria apenas uma simples refeição apressada em um ato de adoração sincera, reconhecendo a bondade de Deus em nossas vidas, independentemente da fartura ou da modéstia daquilo que está servido à mesa.

A mesa torna-se um altar familiar, em que podemos "oferecer continuamente a Deus sacrifício de louvor" (Hebreus 13:15). E, nela, cada refeição torna-se uma rica oportunidade de fortalecer os laços familiares e da nossa conexão fundamental que devemos ter com o Deus Eterno.

É quando praticamos e trazemos a presença de Cristo em nossas mesas que ensinamos aos nossos filhos o valor da comunhão e da conexão espiritual, criando vívidas memórias que os acompanharão pelo restante de suas vidas. É assim que a mesa vai se tornando um lugar em que o amor de Deus passa a ser vivenciado e compartilhado diariamente.

Desafios modernos à conexão familiar

É fato que vivemos na era digital e não adianta negar ou fugir; apenas precisamos clamar por sabedoria e boas práticas para saber lidar com esse fato. A onipresença tecnológica traz oportunidades, mas também desafios sem precedentes para manter a conexão à mesa. Os *smartphones*, os *tablets* e as televisões competem constantemente por nossa atenção, criando barreiras invisíveis entre os membros da família.

Uma pesquisa do *Pew Research Center* realizada recentemente com famílias norte-americanas, revelou uma tendência preocupante: apenas 30% dessas famílias relatam fazer refeições juntas diariamente. Embora os números no Brasil sejam um pouco melhores, a tendência para a desconexão é similar. A diminuição das refeições compartilhadas desencadeia aos poucos diversos distúrbios: comunicação familiar reduzida, aumento dos níveis de estresse, criminalidade e problemas mentais em jovens e adolescentes.

O notável crescimento do individualismo em nossa sociedade também contribuiu para esse triste cenário. As famílias adotaram o hábito lamentável de fazer suas refeições separadamente, frequentemente em frente a uma tela, roubando a atenção.

Assim, cabe aos cristãos o chamado para nadar contra a corrente cultural destrutiva dos nossos dias. Ao negligenciarmos esse tempo precioso, perdemos oportunidades vitais de nutrir não apenas nossos corpos, mas também nossas almas e relacionamentos.

Restaurando a conexão: práticas para famílias cristãs

É claro que eu não vou perder a oportunidade de deixar aqui para os nossos leitores dicas práticas de como tornar uma simples refeição diária em um evento que encanta os filhos e o marido.

1. Priorize pelo menos uma refeição familiar diária em conjunto: escolha uma refeição que melhor se adapte à rotina. Pode ser no café da manhã antes do trabalho e da escola, ou no jantar, após as atividades do dia.
2. Deixe o ambiente propício para a conexão: desligue a televisão e os aparelhos com telas. Sempre que possível, tenha flores naturais à mesa. Flores deixam tudo mais especial.

3. Surpreenda a família usando potinhos de boas-vindas com docinhos ou biscoitinhos de que os familiares gostem, colocando-os do lado esquerdo superior do prato. Eles se sentirão acolhidos à mesa. Nunca deixe de colocar um recadinho fofo no centro dos pratos.
4. Crie a noite semanal da família e prepare uma linda mesa, isso funciona muito bem aqui em casa e tenho certeza que será um sucesso em sua casa.
5. Leiam e discutam a Bíblia juntos: comece expressando gratidão. Tenha em mãos um devocionário diário ou escolha uma passagem bíblica curta para ler e comentar durante a refeição.
6. Incentive conversas significativas: elabore perguntas antecipadamente. Por exemplo: "Qual foi hoje o momento mais feliz do seu dia?", "Quem quer contar uma experiência interessante?". Assim, incentivamos a reflexão e o compartilhamento.
7. Incentive a reconciliação e o perdão: a mesa é um excelente lugar para resolver conflitos. Ensine a importância de pedir e oferecer o perdão. Não deixe a semente do ressentimento germinar.
8. Jesus está presente: lembre sua família todos os dias de que Cristo está presente em suas refeições, assim como estava com os discípulos em Emaús (Lucas 24:30-31).

São oito práticas simples. Ao implementá-las, as famílias cristãs podem transformar o tempo à mesa em um momento sagrado de conexão, fortalecendo não apenas os laços familiares, mas também sua relação coletiva com Deus.

A mesa como lugar de evangelização

Jesus sempre usava os momentos de refeição como preciosos momentos de ensino. Ele não hesitava ou fugia de sentar-se à mesa com pecadores. Ele estava à mesa quando uma mulher pecadora ungiu seus pés (Lucas 7:36-50). Ele se convidou para jantar na casa de Zaqueu, um cobrador de impostos malvisto pela comunidade (Lucas 19:1-10). Esses encontros à mesa foram usados por Jesus como instrumento para a transformação profunda de vidas e demonstração de Seu poder salvador.

Somos, assim, chamados a seguir o exemplo de Jesus. Ao abrirmos nossas mesas para outros, não estaremos apenas manifestando um ato de gentileza, mas uma forma poderosa de testemunho cristão. Convide vizinhos, colegas de trabalho ou membros da igreja para refeições em sua casa. É uma maneira de criarmos oportunidades únicas para compartilhar o amor de Cristo.

E é assim também que ensinamos nossos filhos a praticar a hospitalidade, preparando-os para serem no futuro agentes do amor de Deus neste mundo. Cada refeição compartilhada com outros é uma oportunidade de demonstrar o amor de Cristo.

Conclusão: da mesa para o mundo – um chamado à conexão

Após toda essa reflexão, estamos agora cientes de que esse simples ato diário de comunhão com a família e com Cristo carrega um profundo significado espiritual. Jesus escolheu a mesa para seus momentos mais íntimos com os Seus discípulos. É por isso que somos chamados a fazer de nossas mesas um lugar sagrado.

Sabemos que os desafios da vida moderna são reais, mas não são insuperáveis. Como famílias cristãs, temos a rica oportunidade de seguir contra a corrente do individualismo e da desconexão. É resgatando a prática de ao menos uma refeição compartilhada ao dia que temos a chance de fortalecer laços, nutrir a fé e nos alegrarmos.

A partir de minha própria experiência de vida em família, eu quero encorajar você, querida leitora, a uma reflexão constante sobre suas próprias práticas familiares. Como tem sido o seu tempo à mesa em família? Que pequenas mudanças você pode implementar para tornar esses momentos mais significativos e conectados?

A missão é bem objetiva: priorize a comunhão familiar e espiritual à mesa. Estenda esse amor além das paredes de sua casa, usando sua mesa como um instrumento de evangelização e hospitalidade.

Que nossas mesas se tornem lugares em que famílias são fortalecidas, a fé nutrida e o Reino de Deus expandido, um prato de cada vez!

Referência bibliográfica

BRAGA, Dana. **One-in-four U.S. parents say they've struggled to afford food or housing in the past year.** Pew Research Center, 2022. Disponível em: https://www.pewresearch.org/short-reads/2022/12/07/one-in-four-u-s-parents-say-theyve-struggled-to-afford-food-or-housing-in-the-past-year/. Acesso em: 30 out. 2024.

"Jesus escolheu a mesa para Seus momentos mais íntimos com os Seus discípulos. É por isso que somos chamados a fazer de nossas mesas um lugar sagrado."

Sabrina Campos Coelho

SANDRA MARIA DIETRICH

Minha experiência com mesa posta começou na infância, na casa de minha família, complementando aos poucos nas casas de meus avós maternos e paternos e na escola onde estudei até minha formação no Ensino Médio.

Deus me permitiu aprender a cada dia, a me aventurar na arte da culinária, com o comportamento necessário em cada ocasião, convivendo com pessoas que me trouxeram um pouco mais de conhecimento.

Casei-me nova, tenho três filhas e, ao chegarem à adolescência, foi preciso convivermos com a perda de meu esposo.

Após 46 anos de minha conclusão de Ensino Médio, aos 64 anos, voltei a estudar, atualmente faço o curso técnico superior em Gastronomia, da Faculdade Unicesumar EaD.

sandramdietrich

sandrasgourmet

Sandra M. Dietrich

Sandra's Gourmet

Sandra M. Dietrich

FAMÍLIA

conectada à mesa

26 Experiências com Deus em família

Por Sandra Maria Dietrich

As minhas lembranças de infância me levam às visitas que fazíamos à casa de meus avós paternos e maternos. Cada visita era uma experiência nova, em que aprendi muito, e hoje procuro colocar em prática algo desse aprendizado.

Com meus avós maternos, eram visitas, em que o transporte era um trem de passageiros, que passava em nossa cidade à tarde e, após algumas horas, eram acoplados alguns carros-leitos, finalizando a viagem ao amanhecer.

Os dias que passávamos, eu e meus pais, em sua residência, aprendi artesanatos, como flores em tecido, bordados e crochê com minha avó, e com meu avô aprendi a lixar e pintar móveis e o cultivo de algumas verduras. Todos os dias a mesa era posta, fazíamos uma oração, agradecendo por todas as bênçãos que Deus nos permitia desfrutar em família. Na hora das refeições, minha avó colocava os utensílios, usando o artesanato que confeccionava, para deixar um ambiente agradável, que guardo em meu coração e utilizo como aprendizado em meu lar.

Aprendizado com família, amigos e escola

Algumas coisas já faziam parte do aprendizado que eu tinha em um colégio em que freiras eram responsáveis pelo ensino e onde aprendíamos artesanatos, pinturas, cuidados com a casa, etiqueta, música, teatro etc. Cada aula era um aprendizado diferenciado, o que nos trouxe base para o que vivemos hoje. Um ensino que deixou boas lembranças, fazendo diferença em minha vida. Nossos professores eram pessoas que em situações de incertezas nos orientavam, esclarecendo nossas dúvidas.

As visitas à casa dos avós paternos eram experiências diferentes. Aprendi, por exemplo, com meu avô paterno, a fazer pequenas peças de chumbinho, que eram tecidas em pontas de tarrafas, e essas eram utilizadas para a pesca, cujos clientes faziam as encomendas com antecedência. Com minha avó paterna e uma tia, aprendi a apreciar pães e biscoitos saborosos, assados em fogão à lenha. Em ambos os lugares, as refeições eram maravilhosas, os diálogos à mesa sempre com grandes ensinamentos.

Após esse período de infância, a adolescência chegou com maiores responsabilidades, entre os estudos e início de trabalho, começando com substituições a funcionárias em telefonia, que usufruíam de seus períodos de férias, até que após três anos fui contratada com carteira assinada, ocupando o lugar de uma funcionária que saiu e se mudou para outro país.

Da infância à maturidade, foi uma caminhada, com um aprendizado constante, a cada dia uma nova oportunidade de desfrutar das bênçãos que nosso Deus e Pai me permitiu viver. Foram mais três anos de trabalho, até que me formei, me casei, e aos 20 anos tive minha primeira filha, continuando a trabalhar pelo período em que meu esposo fazia estágios em vários locais, por três meses. Quando ele finalizou seu período de estágio e a cidade em que eu seria designada para moradia foi definida, solicitei minha demissão, mudando para a cidade de Itabira/MG, local onde nasceu o escritor Carlos Drummond de Andrade.

Moramos por seis anos nesse local, onde nasceu nossa segunda filha. E, quando meu esposo foi transferido para outra cidade, nossas filhas estavam com 6 anos e seis meses (a mais velha) e com 2 anos e dez meses (a segunda filha), e eu estava esperando a nossa terceira filha, já com quatro meses de gravidez – ela veio a nascer em Governador Valadares/MG.

Valorizando os momentos das refeições em família

Nossas refeições sempre eram momentos de muita alegria, em família. E em outros momentos, eu e meu esposo conversávamos sobre o que tínhamos vivido em nossa infância e adolescência, até o momento em que estávamos.

Para nós, os momentos não muito agradáveis eram quando tínhamos que corrigir as filhas, porém procurávamos não demonstrar o muito que nos afetava emocionalmente, deixando-nos com sentimento de impotência, sem saber se aquilo era o correto. Elas não se sentiam bem com as correções e nós ficávamos mais abalados do que elas. Eram períodos em que demorávamos a nos recuperar. São lembranças dolorosas, e pudemos superar em parte mais essas experiências que Deus nos permitiu vivenciar.

Filhas estudando e muito aprendizado

No decorrer dos anos, as filhas foram passando por períodos de aprendizado, em que conciliavam escola, cursos em computação, orientações sobre os cuidados de uma casa, culinária, artesanatos, e nós, como pais, procurando prepará-las para o futuro. Todas concluíram seus estudos, casaram-se, constituindo família, cada uma trabalhando na profissão escolhida, enriquecendo seu aprendizado, sempre atualizando para terem um futuro melhor.

Trabalho e aposentadoria de meu esposo

Meu esposo trabalhava em uma multinacional brasileira, atuando nos setores de mineração, energia e siderúrgica, vindo a se aposentar após quase vinte e cinco anos de trabalho. Desfrutou por pouco tempo desse benefício, vindo a adoecer, convivendo com uma doença rara, a Esclerose Lateral Amiotrófica (ELA), ficando em tratamento contínuo por dois anos e oito meses. Veio a falecer aos cinquenta e três anos. Nessa época, as filhas estavam estudando, cada uma em busca de melhorias, para futuras profissões.

Casamento e formatura da mais velha e falecimento de meu esposo e familiares

A mais velha já havia se casado, e durante seus estudos no ensino superior, engravidou, e quando seu filho Matheus Luca nasceu, eu e meu esposo ajudávamos em sua caminhada, olhávamos nosso neto, para que ela não interrompesse seus estudos. E foi em seu último ano de estudos, próximo à sua formatura, em agosto de 2003, que meu esposo veio a falecer. E mais algumas pessoas da família também, entre agosto e novembro de 2003, incluindo meu avô materno, com quem muito aprendi; meu tio, irmão de minha mãe; o esposo de uma prima, sobrinha de minha mãe; um tio de meu esposo; e por último, meu pai.

Superando um pouco a falta de meu esposo e meu pai

Nos primeiros dois anos, foi bastante doloroso para todos nós a falta de uma pessoa em nosso convívio. Aos poucos, nossas refeições voltaram a ser os momentos alegres a cada dia, guardando as boas lembranças. O tempo foi passando, e nossa família, com algumas experiências dolorosas, mas que, sempre buscando forças em Deus, conseguiu superar para continuar em frente.

Casamento das duas outras filhas

As outras duas filhas, em seu devido tempo, casaram-se e formaram-se em seus cursos escolhidos. Cada uma foi se estabelecer em cidades diferentes, crescendo em seus trabalhos, adquirindo a experiência que só a prática permite, trazendo a segurança e experiência para se sentirem seguras no que fazem.

Genros e suas famílias

Seus esposos também em seus trabalhos foram adquirindo conhecimento, que lhes trouxe o crescimento necessário nas respectivas profissões, equilibrando o convívio familiar, a área espiritual, a parte financeira e o convívio social. No decorrer do tempo, antes e após a saída das filhas, comecei a me envolver cada vez mais com a culinária, sempre fazendo alguns produtos por encomenda, o que já faço há mais de trinta e cinco anos. Elaborando receitas, preparando-as com zelo, compromisso e muito amor pelo trabalho desenvolvido.

Trabalhos voluntários

Também passei a me envolver mais em trabalhos voluntários, tanto em minha Igreja, como em outras, fazendo um trabalho em conjunto com outras pessoas, para geração de rendas, e o valor arrecadado era utilizado no trabalho social.

Passei por alguns momentos em que me sentia desanimada e me esforçando para não desistir de auxiliar pessoas que estavam em busca de aprender um pouco mais, gerando renda para atender a demanda de seus familiares e fazer algo que preenchesse meu tempo. Comecei a fazer cursos, ministrando aulas por um certo tempo, em torno de dois anos e seis meses, em parceria com a Fundação MariAn, em um supermercado localizado no shopping de nossa cidade.

Preparar a mesa para uma refeição em família é muito edificante, traz uma certeza de momentos agradáveis, trocando experiências vividas, no dia a dia, e podemos atualizar nossas programações em andamento, marcando assim uma nova data de reencontro.

Voltar a estudar: um desafio

Após 46 anos de formada no Ensino Médio, resolvi voltar a estudar, fazendo o curso técnico superior em Gastronomia, da Faculdade Unicesumar EaD. Isso me envolve, trazendo uma nova visão de que, apesar de tudo, é possível superar as limitações que nossa mente nos impõe. Precisamos assumir mais compromissos e procurar cumpri-los sempre que possível.

Passei a assistir a vídeos, aulas ao vivo, com atividades a serem a respondidas, algumas preparações são feitas utilizando-se o equipamento necessário, com fotos desde o início até o final, desenvolvemos textos, explicando todo o processo de preparação, descrevendo a experiência do processo de degustação, textura, aroma, sabor, apresentação, há provas *online* e provas presenciais.

Nossa família não se reúne somente em ocasiões especiais ou datas comemorativas, e sim quando nos é permitido, por questões de trabalho, geralmente nos finais de semana, alternando nossas casas.

Durante toda a caminhada, tive o apoio da família, principalmente de minha mãe, Iolanda. Deus me permitiu ter muita fé, perseverança, paciência e esperar o Seu agir em minha vida durante todos esses anos.

"SUPERAR AS FASES NOS TROUXE CRESCIMENTO, PRINCIPALMENTE O ESPIRITUAL, E PERCEBER A AÇÃO DE DEUS EM NOSSAS VIDAS."

Sandra Maria Dietrich

SELME SOUZA

Selme Souza, natural de Marilac/MG. Resido em Governador Valadares/MG. Filha de Deus e de Odilon Souza e Maria Hilária (*in memoriam*). Casada com Vicente Gonçalves há 41 anos. Mãe de Damarys, Amom e Suzzanna. Sogra do Mateus. Avó de Murilo, Thomaz, Helena e Antônio.
Sou membra da 4ª Igreja Presbiteriana, superintendente da EBD e 1ª secretária de SAFs, Sociedade Auxiliadora Feminina do PRGV, Presbitério Regional de Governador Valadares.
Formação em Letras e Pedagogia. Analista de perfil comportamental. Palestrante. Escritora.
Professora de Língua Portuguesa durante 20 anos na rede particular e pública. Gestora escolar por 10 anos. Atualmente aposentada. Guardiã do meu lar. Mentora de mulheres na Experiência do Lar. Empreendedora na área da saúde.
Agradeço a Deus a salvação e à minha família por tudo.

selme.souza

smgsouza@yahoo.com.br

FAMÍLIA
conectada à mesa

27 Minha infância e a mesa

Por Selme Souza

Minha infância foi marcada por momentos de profunda felicidade, vividos em uma família que se conectava não apenas à mesa, mas também à fé, aos amigos, e, acima de tudo, a Deus. Desde cedo, entendi que a mesa era muito mais do que um espaço físico: era um símbolo de amor, união e crescimento espiritual.

Nasci no seio de uma família cristã, sendo a 15ª filha entre 20 irmãos, todos frutos do amor e dedicação de meus pais, Odilon Pereira e Maria Hilária. Minha infância foi profundamente marcada pelos cuidados de meus pais e pelo ambiente de fé que permeou nosso lar. Meu pai, um servidor público, e minha mãe, uma dedicada dona de casa, verdadeira mulher virtuosa, como descrito em Provérbios 31:30-31 (versão ARA), em que se lê: "Enganosa é a graça, e vã a formosura, mas a mulher que teme ao Senhor, essa será louvada. Dai-lhe do fruto das suas mãos, e de público louvarão as suas obras." Eles nos transmitiam valores que iam muito além das palavras — vivíamos a fé em cada gesto e em cada reunião familiar.

Todos os dias, antes mesmo de o sol nascer, meu pai reunia a família ao redor da mesa para o culto doméstico. Esse era um ritual sagrado, em que cantávamos hinos, líamos a Bíblia e recitávamos versículos. Papai, com sua força e coragem, assumiu o papel de sacerdote da família, conduzindo-nos em momentos de reflexão e fé. A mesa era o altar em que aprendíamos sobre o amor, o respeito e a Palavra de Deus, um lugar de comunhão entre nós e com o Senhor.

Ele foi um dos fundadores da Igreja Presbiteriana de Marilac na década de 1960. Naquele tempo, foram muito perseguidos, mas Deus preservou a vida deles e lhes deu ousadia e coragem para pregar o Evangelho em toda a circunvizinhança. Abriram congregação em São José de Safira, ponto de pregação em São Sebastião da Barra, em Peçanha e também no Sítio da Luz. Papai organizava as caravanas de evangelismo. Íamos de ônibus, caminhão, todos animados e felizes levar a Palavra do Senhor... Sempre eram umas 50 pessoas e minha mãe levava café e "quitanda", que ela mesma fazia e era para todos.

À noite, quando não tinha culto, papai reunia a família em nossa varanda, para fazer alguma atividade. Para debulhar milho, descascar amendoim, comer algo e, enquanto isso, ele cantava: "o bom cristão, tem a bíblia na mão, tem a bíblia na mente e no coração..." e nos ensinava a Bíblia.

Para o papai, a mesa era um lugar de aprendizado. Ali, ele nos ensinou com paciência e amor os versículos que formaram a base de nossas vidas. Lembro-me especialmente de II Timóteo 3:16-17, que ele recitava com uma verdade profunda: "Toda a Escritura é inspirada por Deus e útil para o ensino...". A mesa transformava-se em uma sala de aula, onde éramos moldados, não só como filhos, mas como futuros seguidores de Cristo.

Durante o dia, nós decorávamos os versículos ensinados por ele e, de madrugada, éramos estimulados a falar no culto o versículo decorado. Meu pai tinha uma maneira tão especial de nos envolver na vida espiritual, que tínhamos prazer de ir à igreja ou participar de trabalhos evangelísticos com alegria. A gente não era obrigado, era envolvido e fomos nos apaixonando pelo Senhor Jesus que papai conhecia e nos apresentava.

Ele também se sentou com os filhos e, de forma divertida e didática, nos ensinou as regras de etiqueta à mesa. Esses momentos preciosos, além de ensinar boas maneiras, eram oportunidades em que ele investia em nossa educação e nos ensinava sobre amor e perdão, sempre por meio da conexão ao redor da mesa.

Minha mãe, apesar de trabalhar incansavelmente, ensinou-nos com paciência e carinho a cozinhar, cuidar da casa, ajudar nos serviços domésticos e até costurar. Quando não dominava alguma habilidade, ela buscava ajuda profissional. Foi assim que a irmã Rachel aprendeu crochê com uma professora e, depois, ensinou às outras irmãs. Ela também era extremamente zelosa com nossos estudos. Sempre dizia: "Filha, sente-se à mesa para fazer as tarefas escolares". Ela gostava de ter os filhos sob seus cuidados, por isso dizia: "Se precisar fazer trabalho em grupo, traga seus amigos aqui." Após o estudo, a mesa farta nos esperava, com café, leite, doces e muita "quitanda" feita por ela. Esse momento de convivência ao redor da mesa era mais do que apenas uma pausa: era uma oportunidade para conversar, receber conselhos e sentir o amor dela. Meus amigos adoravam vir estudar em casa, pois sabiam que, além do estudo, seriam acolhidos com carinho e uma mesa cheia de delícias.

Meus pais, apesar de não terem formação acadêmica, possuíam um verdadeiro "doutorado" em sabedoria, pois a encontraram na Bíblia. Como diz em Tiago 1:5-6: "Se, porém, algum de vós necessita de sabedoria, peça-a a Deus...", dom especial para construir relacionamentos. Essa habilidade para se conectar com os outros se reserva para muitos dos filhos e netos.

Meus pais estavam à frente de seu tempo; eram visionários. Quando, para muitos, a educação formal não era uma prioridade, eles fizeram o sacrifício de se mudar para uma cidade maior, tudo para garantir que seus filhos tivessem a oportunidade de estudar e construir um futuro melhor.

Nossa casa sempre estava cheia de pessoas: parentes, vizinhos, pastores e amigos. Meus pais nunca se incomodavam com as visitas; pelo contrário, nos ensinavam a recebê-las com alegria e hospitalidade, honrando cada convidado. Nunca vi em seus rostos irritação ou tristeza por causa da casa cheia, apenas gentileza ao servir a todos.

A conexão da mesa em meu casamento

Sempre minha mãe se dedicou a preparar os doces para os casamentos que aconteciam em nossa casa, um verdadeiro testemunho de amor e compromisso! No dia do meu casamento, ela fez uma mesa deslumbrante de doces e minha irmã Odilma fez um bolo delicioso. Recordo-me com alegria daquela mesa, que simbolizou o início de uma nova família, cercada por pais, irmãos, cunhados, parentes e amigos, todos compartilhando nossa felicidade em uma conexão extraordinária.

A influência da mesa na família atualmente

Na casa de meus pais, a mesa sempre ocupava um lugar de destaque e simbolizava honra. Era ali que nos reuníamos para ler a Bíblia, comer, conversar e fortalecer os laços entre pais e filhos, irmãos e irmãs, família e amigos. Sempre que preparávamos uma refeição, minha mãe gostava de colocar toalhas bonitas, louças organizadas e limpas, criando uma harmonia especial. Recordo-me com saudade quando ela dizia: "Temos que oferecer o nosso melhor, minha filha, pois é preciso servir com excelência!". Quanta sabedoria e ensinamento numa mulher tão simples como ela.

Nessa mesma mesa, minha mãe se sentava todas as manhãs para ler a Bíblia. Já no final de sua vida, quando não tinha mais forças para servir, era ela quem era servida, mesmo a contragosto. Qualquer pessoa que chegasse perto dela, era convidada a se sentar, ler a Bíblia e orar com ela, antes de desfrutar do delicioso café, geralmente preparado por Dona Luzia. Os filhos de Dona Maria, minha mãe, passaram essas orientações a seus filhos, que, por sua vez, transmitiram às novas gerações.

Para nós, o livro Experiência do Lar, da Devi Titus, veio corroborar todo o ensino aplicado por mamãe de forma sistemática e organizada, pois todos os princípios ali mencionados foram vividos e ensinados a nós desde a mais tenra idade. Tudo isso nos mostra o quanto a Bíblia é completa e de grande alcance. Ela ensina e orienta pessoas em todo o mundo, pois, como lemos em Hebreus 4:12a: "Porque a palavra de Deus é viva, e eficaz [...]".

Devi, em outro país, aprendeu na Bíblia sobre os princípios que promovem um lar cheio de amor e paz. Ao compartilhar esse conhecimento em conferências ao redor do mundo, ela impactou vidas e incentivou o retorno à conexão familiar em torno da mesa. Além disso, a Bíblia também ensina mulheres, simples donas de casa, como a minha mãe, que aprendem e ensinam aos seus entes queridos, deixando um legado de fé, amor, honra e princípios bíblicos bem estabelecidos na vida de seus filhos e amigos.

Em minha própria casa, a mesa sempre teve um valor inestimável, pois foi orientada por Deus e nela criamos conexões espirituais e fraternais. É nela onde nos reunimos para realizar o culto doméstico, estudar, conversar, brincar, comer e nos divertir, com a família, amigos e Jesus, o pão da presença. É nela que criamos laços de amor, de comunhão, memórias afetivas com uma mesa linda, onde se serve uma refeição deliciosa, criando memórias afetivas.

O noivado dos meus dois filhos foi celebrado com as famílias conectadas à mesa. Nos casamentos, todos se sentaram à mesa para serem servidos e celebrarem aquele momento ímpar de alegria e conexão familiar.

Hoje, quando chegamos à casa de nossos filhos, também somos recebidos com alegria e uma mesa linda, atrativa e farta. Que alegria ver os princípios sendo fundamentados no lar deles e sendo ensinados aos nossos netos!

Quando as famílias compreendem o impacto que a mesa pode ter na formação de um ser humano, percebem que ali há cura, comunhão, perdão, amor e conexão, então se reunirão com alegria para desfrutar não apenas da presença dos familiares, mas também da presença do Pai Celeste, o autor da vida, o criador da mesa e o Salvador dos homens.

E você, querida leitora, já parou para pensar sobre o papel da mesa em sua vida? Será que ela é um espaço de amor, perdão e comunhão? Convido você a refletir: Jesus também está presente em sua mesa, trazendo paz e conexão? Que a mesa de sua casa seja um lugar de encontro — não só com sua família, mas também com o Criador da vida.

Se quiser compartilhar ou precisar de ajuda, contate-me nas redes sociais mencionadas na biografia.

Referência bibliográfica

TITUS, Devi. **A experiência do lar** - como transformar sua casa em um lugar de amor e paz. Rio de Janeiro: Vida Melhor, 2019.

"Obrigada, Senhor Jesus, por todos os Seus benefícios em minha vida!"

Selme Souza

SHIRLEIRY ALENCAR

Olá! Sou Shirleiry Alencar, nutricionista, pedagoga, orientadora educacional, mentora de mulheres, além de ser mentora do *Experiência do Lar*. Sou casada com o Abiner há quase vinte anos e temos dois filhos, Arthur e Vitória. Atualmente, moramos em Palhoça/SC.

Sempre fui apaixonada por ensinar e por compartilhar conhecimento, e esse amor levou-me a realizar palestras, quando posso inspirar e ajudar outras pessoas. Mas, o caminho para chegar até aqui, especialmente como coautora, foi repleto de desafios e aflições. Cada obstáculo, no entanto, moldou minha fé e meu propósito. Deus guiou-me até aqui! É gratificante poder viver minha missão e impactar vidas com aquilo que mais amo fazer.

Seja bem-vindo a este capítulo!

shirleiry

+55 (48) 98493-1053

+55 (48) 99155-8771

drashirleiry@gmail.com

shirleirymentoria

FAMÍLIA
conectada à mesa

28 Domingo à mesa

Por Shirleiry Alencar

Atualmente, em meio ao corre-corre da vida moderna e à constante presença das tecnologias, o simples ato de reunir a família ao redor da mesa pode parecer um grande desafio. No entanto, esse momento de convivência vai muito além de uma necessidade física ou rotineira. Ele se torna um espaço abençoado de partilha, em que os laços familiares são fortalecidos por meio do diálogo, do carinho e da presença real de Cristo.

A mesa, biblicamente, sempre foi símbolo de união e afeto, e quando adicionamos a dimensão da fé, ela se torna um ambiente no qual não apenas alimentamos nosso corpo, mas também nossa alma e espírito. Em cada refeição compartilhada, somos convidados a vivenciar o amor em sua forma mais pura, enquanto cultivamos uma conexão profunda, tanto entre os familiares como principalmente com Deus, pois ele é o "Pão da presença".

Nesse contexto, a importância deste capítulo é buscar resgatar o valor dessa prática, promovendo estações de intimidade, em que a fé, o amor e a conexão estejam presentes em cada refeição. É uma oportunidade de fortalecer laços, praticar a gratidão e relembrar a seriedade de estar verdadeiramente presente com aqueles que amamos.

Na cidade de São Paulo, nos meus tempos de adolescência, tinha uma atmosfera especial aos domingos. Esses dias, marcados por uma rotina que, apesar de simples, carregava um simbolismo profundo, começavam com o aroma das comidas sendo preparadas logo cedo. Eu me lembro! Minha família, que não era pequena, assim como tantas outras, tinha o hábito: aos domingos, a mesa sempre estava posta.

A mesa não era sofisticada, mas cada detalhe, mesmo na simplicidade, tinha um toque de carinho. As comidas decoradas, cheias de cores, pareciam desenhar um quadro que convidava à celebração. Nada de regras rígidas de etiqueta ou formalidades; o que prevalecia era a leveza, a liberdade de cada um ser quem era, sem máscaras ou aparências. Como era bom tudo isso!

O que mais me lembro desses dias não é apenas o sabor dos pratos, mas a emoção presente em cada conversa, cada gargalhada. Havia uma harmonia quase palpável, um entendimento silencioso entre todos nós. A mesa não era apenas um lugar para comer, mas um espaço em que a alegria reinava e as histórias de cada um se entrelaçavam. Entre risos e comentários sobre a semana, o domingo à mesa tornava-se o momento de renovação dos laços familiares. Era o momento em que as preocupações do dia a dia ficavam de lado e a alegria de estar junto falava mais alto. Que saudades eu tenho dessa época!

O curioso é que, apesar de todas as delícias postas na mesa, ninguém na família era obeso. Parecia que a comida, de alguma forma, era diferente. Era comida de verdade, preparada com ingredientes frescos, vindos diretamente das feiras ou do mercadinho da esquina. Cada prato trazia um sabor autêntico, sem excessos ou exageros. As refeições não eram apressadas ou recheadas de produtos industrializados; tudo era feito com calma, no tempo certo. O aroma do tempero caseiro, os legumes cortados na hora, o feijão que cozinhava lentamente no fogão. Cada detalhe fazia parte de um ritual, e nós comíamos com prazer, sem culpa. A comida alimentava mais do que o corpo, nutria a alma. E, curiosamente, essa alimentação equilibrada e cheia de sabor parecia manter todos nós saudáveis. Não havia ninguém preocupado com calorias ou dietas; a fartura da mesa era celebrada.

Hoje, muitas mulheres enfrentam dificuldades em encontrar prazer na cozinha, especialmente quando se trata de preparar refeições para a família aos domingos. Com a correria da vida moderna, o hábito de cozinhar tem sido cada vez mais terceirizado. Entre compromissos profissionais, responsabilidades familiares e o cansaço acumulado, cozinhar parece ter se tornado uma tarefa secundária, muitas vezes vista como uma obrigação, em vez de um momento de conexão.

Antigamente, o cenário era bem diferente. Preparar as refeições, principalmente aos domingos, era algo valioso e profundamente prazeroso. A cozinha era um espaço de comunhão, em que o ato de cozinhar ia além de simplesmente preparar a comida. Era um ritual de amor, cuidado e partilha. Reunir a família ao redor da mesa, com pratos feitos com carinho, reforçava os laços, celebrava o convívio e criava memórias afetivas que perduravam.

O aroma dos alimentos, que invadia a casa, o calor da cozinha e o prazer de ver todos reunidos faziam parte de uma tradição que ia além do alimento físico; era um alimento para a alma. Esse hábito trazia uma sensação de acolhimento e pertencimento. Cozinhar não era apenas uma tarefa doméstica, mas uma expressão de amor e dedicação.

Recuperar essa visão de prazer e valor da cozinha nos dias de hoje pode ser desafiador, mas não impossível. Talvez o segredo esteja em resgatar a simplicidade e o significado desse ato. Fazer da cozinha um espaço de celebração, em que se cria, experimenta e, acima de tudo, se compartilha momentos de afeto. Pode trazer de volta o prazer de cozinhar para si e para a família, especialmente aos domingos.

Além das Escrituras, que são a nossa maior base científica para todos os aspectos da nossa vida, o *Guia Alimentar para a População Brasileira* enfatiza a importância de resgatar o consumo da **comida de verdade**. O guia também ressalta que preparar as refeições em casa é um ato que vai além do valor nutricional. Cozinhar e partilhar as refeições em família ou com amigos resgata laços afetivos, promove saúde e preserva tradições culturais. Ao escolher ingredientes frescos e evitar ultraprocessados, as famílias não só fortalecem a saúde física, como também resgatam o prazer de comer alimentos verdadeiros, com sabores autênticos e naturais, em um ambiente de convivência.

O **resgate da comida de verdade** é mais do que uma questão nutricional. Trata-se de um movimento cultural e social que valoriza o alimento como parte essencial de nossa história e identidade, incentivando práticas alimentares que respeitam o corpo, o meio ambiente e os laços familiares. Isso é relação com a comida!

O estudo *O poder de uma refeição em família*, publicado pela Harvard T. H. Chan School of Public Health e Goodnet, diz que, além dos benefícios para a saúde e o bem-estar emocional, esses momentos podem servir para cultivar valores de fé, amor e gratidão, especialmente quando se compartilha a presença de Deus durante a refeição, promovendo um ambiente de harmonia e espiritualidade.

Adotar esse hábito, pelo menos aos domingos, pode ser o início de um resgate da comunhão familiar e dos valores que se constroem ao redor da mesa.

Como mentora da Experiência do Lar, sinto em meu coração o desejo de incentivar outras famílias a fazer o mesmo, levando em consideração não apenas o ato de comer, mas também **a fé, o amor e a relação com a comida**. Ao reunir-se à mesa, estamos construindo um ambiente em que os laços familiares se fortalecem e a espiritualidade é vivida de forma tangível. Acredito que esse simples ato de estarmos juntos para as refeições reflete os valores que Cristo nos ensina: partilha, gratidão e amor.

Gostaria de compartilhar algumas sugestões e dicas para que vocês também possam começar a praticar isso em suas famílias. No entanto, é importante lembrar que toda transformação verdadeira vem de Deus. É Ele quem opera em nossos corações a partir do momento em que decidimos mudar e melhorar. Quando entregamos nossas decisões e nossos esforços a Ele, a mudança começa, e vemos os frutos de uma vida mais harmoniosa e conectada à mesa.

1. Estabeleça o domingo como um dia especial

- **Sugestão**: incentive a família a reservar o domingo como um dia sagrado, um momento para desacelerar e priorizar a comunhão em torno da mesa. Transformar o domingo em um ritual de reunião ajuda a criar uma rotina que vai além do físico, criando espaço para conexões profundas e espirituais.
- **Dica prática**: programe o domingo com antecedência, organizando o cardápio e as atividades familiares para minimizar o estresse e permitir uma refeição tranquila e significativa.

2. Desconecte-se das distrações

- **Sugestão**: para fortalecer a conexão à mesa, incentive a prática de "desconectar-se para conectar-se". Sem televisão, celulares ou outras distrações, a família pode focar no momento presente, conversando e partilhando histórias do dia a dia.

- **Dica prática**: constitua o domingo como um "dia livre de eletrônicos" durante as refeições, permitindo um ambiente onde o diálogo, o riso e a presença de Deus estejam no centro.

3. **Comida como símbolo de amor e cuidado**

- **Sugestão**: destacar que a preparação da comida é uma expressão de amor e cuidado. Quando escolhemos ingredientes frescos e preparamos a refeição com carinho, estamos oferecendo mais do que alimento, estamos transmitindo valores, amor e gratidão.
- **Dica prática**: encorajo a preparação de pratos tradicionais ou que tenham um significado especial para a família. Isso não apenas resgata a cultura familiar, mas também fortalece os laços emocionais.

4. **Superando o desafio do tempo**

- **Sugestão**: um dos maiores desafios atuais é encontrar tempo para cozinhar e reunir a família à mesa. Encoraje as famílias a verem a organização da refeição como um investimento em amor e comunhão, e não como uma obrigação. Planejar o cardápio e antecipar algumas preparações podem ajudar a tornar esse desafio mais gerenciável.
- **Dica prática**: sugiro o preparo de refeições simples, nutritivas e rápidas que envolvam toda a família. É possível cozinhar de forma prática sem perder o sentido do momento.

Que cada domingo ao redor da mesa seja de transformações!

Referências bibliográficas

Ministério da Saúde. Guia alimentar para a população brasileira. 2. ed. Brasília, DF: Ministério da Saúde, 2014. 156 p. Disponível em: https://bvsms.saude.gov.br/bvs/publicacoes/guia_alimentar_populacao_brasileira_2ed.pdf. Acesso em: 15 set. 2024.

HARVARD GRADUATE SCHOOL OF EDUCATION. O benefício da família https : //www.gse.harvard .ed/ideias /edc/20 /04 /benefício -famil-hora das refeições .

"Só Deus transforma, mas sou o instrumento que Ele usa para fazer acontecer!"

Shirleiry Alencar

RESERVADO

SUELI BOECHAT

Meu nome é Sueli Alves de Almeida Boechat, brasileira, cristã reformada, nascida em 11 de julho de 1961 em Governador Valadares/MG, onde resido. Sou casada com Gedeão Moreira Boechat há 41 anos.

Mãe de dois filhos lindos e preciosos: Larissa, casada com Carlos Frederico, e Guilherme, casado com a Rafaela.

Sou membra da Primeira Igreja Presbiteriana. Graduada em Pedagogia, hoje aposentada. Atuei na rede estadual por 32 anos, como professora, supervisora e gestora escolar.

No momento, estou presidente da Sociedade Auxiliadora Feminina (SAF) da Primeira Igreja Presbiteriana, em Governador Valadares/MG, e presidente da Confederação Sinodal das SAFs Rio Doce/MG. Amo a SAF e zelo pelos objetivos dessa sociedade em estudar a palavra de Deus, auxiliar a liderança da igreja e dar assistência aos necessitados.

sueliboechat

+55 (33) 99910-2307

alvessueli575@gmail.com

FAMÍLIA

conectada à mesa

29 Escolhida para adorar sempre ao Senhor

Por Sueli Boechat

"Ao que Jesus lhe respondeu: Porque te disse que te vi debaixo da figueira, crês? Pois maiores coisas do que estas verás" (João 1:50).

Ao meditar neste capítulo, vimos que quando Natanael encontrou-se com Jesus, descobriu que o Senhor já sabia tudo sobre ele, certificando assim que era o Filho de Deus. Assim como Natanael, sempre desejei viver uma vida com Jesus e vê-lo fazer maiores coisas em minha vida.

Nasci em um lar temente a Deus e cristão e, durante o meu crescimento, eu buscava entender a missão de Jesus como mediador entre Deus e os homens, e foi assim, em um encontro de jovens no Colégio Presbiteriano, na década de 1970, que estavam ali presentes coordenando aquela reunião os "Jovens da Verdade". Tomada pela presença de Deus em minha vida, fui totalmente tocada pelo Espírito Santo e firmei o compromisso de servi-lo por toda a minha vida. Eu tinha a convicção de que precisava me alimentar da Palavra de Deus, pois assim eu iria crescer espiritualmente.

Voltando à meditação do versículo, Jesus viu Natanael debaixo da figueira, Ele mesmo que é a Videira verdadeira, o pai, o agricultor, Ele que conduz as nossas vidas. Eu entendi que Ele me viu, o Senhor já sabia tudo sobre a minha vida e eu tive a certeza do quanto Ele me amava.

Naquele dia, diante de tantos jovens, eu ajoelhei e chorei diante de Deus e vi que precisava entender o poder de Jesus na oração. Ele me dizia: "Aquele que crê em mim fará também as obras que eu faço e outras maiores fará porque enquanto o povo ora grandes coisas são realizadas". Eu sentia naquele momento esse agir de Deus, embora com os meus 15 anos, tive a certeza de que grandes coisas aconteceriam em minha vida, que eu era amada e especial para Jesus.

Sou a filha mais velha de três irmãos, amo meus irmãos Edmilson e Andreia e suas famílias. Meu pai, um homem amoroso, conselheiro e discreto, fazia questão das reuniões em família, principalmente nas datas comemorativas. Tudo era muito simples, mas com muito amor. Meu pai adoeceu aos 51 anos e veio a falecer. Com sua partida, meus irmãos e eu nos fortalecemos. Nós precisávamos uns dos outros e de cuidar da nossa mãe. Ela é uma mulher de oração, extraordinária, serva do Senhor e, nos seus 82 anos, ainda trabalha na igreja desenvolvendo seus dons e talentos.

Desde menina, sempre fui ajudante da minha mãe cuidando dos meus irmãos enquanto ela trabalhava. Em quase todas as casas da minha família, há uma cristaleira cheia de louças que enchem os olhos, peças antigas e lindas, lembro que elas não podiam ser colocadas para uso, ou seja, só em ocasiões especiais.

Quando me casei, realizei meu sonho: tenho duas cristaleiras, uso tudo que tenho no dia a dia. Todo dia é especial para a minha família. Na organização da mesa, sempre me lembro da mesa cheia da casa dos meus avós. É surpreendente como aqueles objetos da cristaleira carregavam um sentimento de trazer à memória momentos tão preciosos de um significado tão profundo, e passamos para os nossos filhos como é importante e essencial o "estar juntos".

Assim era na casa dos meus avós maternos, onde nos reuníamos aos domingos em volta de uma grande mesa, tudo muito simples, comida de domingo. Momento mágico, tudo saboroso. Após o almoço, todos se aprontavam para a Escola Dominical na pequena Congregação Presbiteriana em Chonin de Cima, que iniciava às 14h.

Certa vez, enquanto almoçávamos, meu pai, sempre aproveitando os momentos em que estávamos reunidos para nos aconselhar, nos disse que o casal deve ter três momentos especiais: almoçarem juntos, orarem juntos e dormirem juntos. Nunca esqueci desses ensinamentos tão valorosos. Entendemos claramente que o casal precisa dialogar e são nesses momentos que vão crescendo em família. Passei esse ensinamento para meus filhos. Falo agora da minha nora, Rafaela uma filha que ganhei, meiga e linda, entregou a Jesus a sua vida preciosa, amando-o e servindo. Ela observa e segue a rotina do dia a dia que a família se forma em volta da mesa.

Para mim e meu marido, em todos esses anos não foi nada fácil, passamos por muitas lutas e provações, mas em todas o Senhor esteve ao nosso lado. São quarenta e um anos de uma caminhada intencionalmente e queremos dar ainda muitos passos juntos.

2ª parte: luta transformada em um coração agradecido

Sou apaixonada pela minha família e entendo o propósito de Deus em eu ser a auxiliadora idônea que Ele quer que eu seja. E como nem todos os dias são flores... um momento muito triste nos veio no período da pandemia. Passamos com nossa filha um dos piores momentos. Ela passou por um tratamento oncológico e, quando me comunicou que precisava de mim em sua casa, respirei fundo, desejando que a vida comum desse uma pausa para eu poder me organizar, entender, descobrir do que se tratava exatamente. Uma notícia que tinha mais perguntas que respostas. Nesse dia, eu entrei em um mundo completamente desconhecido. Entramos, todos. A família toda. O câncer era dela, mas a luta era nossa. Eu orei ao senhor e perguntei: "meu Deus, como deverá ser o meu procedimento na casa da minha filha?" Há momentos em que precisamos apenas obedecer e há momentos nos quais precisamos agir.

Busquei a presença do Senhor nas participações da SAF ora online na madrugada, como eu me sentia abraçada por aquelas irmãs que nos auxiliaram orando, não somente por minha filha, mas também pelo seu lar! Como Deus é maravilhoso e não nos desampara. Ele ouve nossas orações. Nesse período, meu genro foi tomado de uma alegria singular em servir ao Senhor. Começamos a ouvir os cultos pela internet, já que as igrejas estavam fechadas devido à pandemia.

E conectados à mesa, em nossas conversas, entre um lanche e outro, aprendemos com as pessoas citadas na Bíblia que passaram por adversidades, confiaram no Senhor e foram totalmente curadas. E após todo o procedimento concluído, a alta veio. A alta era dela, mas a vitória é nossa... Ela é a guerreira, a luta ainda continua, mas ela está bem mais feliz e descansada no Senhor. Louvamos ao Senhor e temos uma gratidão por todos que nos acompanharam em oração nessa travessia no deserto e viram a colheita do maná, o mar se abrir. Hoje, eles podem dizer: "Eu e minha casa serviremos ao Senhor." (Josué 24:15).

3ª parte: prossigamos firmemente para o alvo, evidenciando o amor com que Deus nos amou, fazendo-o transbordar nos cuidados com o próximo

Fui convidada pela Denise Boechat para fazer a Experiência do Lar em sua casa em 2023. Confesso que relutei no princípio, devido aos compromissos assumidos no início do ano. Acabei cedendo à curiosidade daqueles ensinamentos do livro da Devi Titus, chamado Experiência do Lar, alertada por ela que deveria pensar com carinho na possibilidade de também agregar esse conteúdo aos compromissos que tinha. Fui também incentivada pela mentora extraordinária, a Selme Souza, que me dizia: "Você precisa impactar essas mulheres e levar esses ensinamentos a elas para que possam ser melhores em seus lares. Você tem potencial para impactar."

No fundo, eu sabia que, onde há pessoas comprometidas com Deus, há grandes chances de crescimento espiritual e cura. E aquelas mulheres citadas no livro de Tito, referentes ao capítulo 2.3 a 5, somos nós, mulheres comuns, que amam a Deus, são as mulheres com as quais eu convivo e eu poderia, por meio dos encontros da SAF, também repassar esses ensinamentos e deveres para o crescimento amoroso no ambiente familiar.

Indubitavelmente, são tantas mulheres que estão sofrendo... não na dor física, mas da alma, são tristes, sentem solidão, mesmo com a casa cheia, sentem-se menos favorecidas, desvalorizadas, frias em relação a Cristo, com o coração duro.

Em uma das palestras que ministrei sobre a feminilidade à luz da Bíblia, comentei sobre a família como instituição que Deus criou em Gênesis 2:18-25, para que ela proporcionasse aos seus membros um abrigo, ou seja, um lugar seguro onde se preparariam para entrar na sociedade e nela servir a Deus e ao próximo. E de como o papel da mulher como guardiã do lar é essencial na formação do ser humano. Aprendemos com Ana (mãe de Samuel) a ter dedicação, a sermos mulheres consagradas, que derramam o coração diante de Deus e são honradas por Ele.

Referência bibliográfica

TITUS, Devi. **A experiência do lar** — como transformar sua casa em um lugar de amor e paz. Rio de Janeiro: Vida Melhor, 2019.

"Bendita a família em que todos têm temor a Deus e podem vivenciar o amor."

Sueli Boechat

Mesa é
·amor
·carinho e
·cuidado

SUELI GOMES

Sou Sueli Gomes Debolete, 53 anos, nascida em Parapuã/SP. Deus é meu ajudador, e sem Ele não vivo.
Sou assistente social, mãe atípica e empreendedora. A loja Celebre Casa, de decoração e mesa posta, nasceu após a perda do meu filho, dando um novo sentido à minha vida. Moro em Marília/SP.
Trabalhei por dezoito anos na Universidade da Família, em Pompeia/SP. Com meu primeiro marido, Ronaldo, liderei 18 grupos do curso Casados para Sempre, ajudando a restaurar casamentos e salvar vidas por meio de Jesus.
Treinei centenas de casais como líderes do ministério. Como mentora do projeto Experiência do Lar, ministrei *workshops* sobre o valor da mesa, que é meu ponto de encontro diário com Jesus, onde há graça e comunhão.

sueligomesoficial
celebrecasa
Sueli Gomes Debolete
celebrecasa

FAMÍLIA
conectada à mesa

30 DEUS QUE SURPREENDE EM MEIO À DOR

Por Sueli Gomes

Até que a morte nos separe

Em junho de 1994, realizei o sonho de me casar. Ronaldo e eu, jovens e apaixonados, nos unimos em matrimônio. Eu tinha 22 anos, ele 27, e juntos éramos muito felizes. Trabalhamos na Universidade da Família, em Pompeia/SP, dedicados ao ministério Casados para Sempre, focado na restauração de casamentos. Em dez anos de casamento, lideramos 18 grupos em nossa casa, fortalecendo centenas de casais e vendo muitas vidas serem salvas por Jesus.

Tornamo-nos treinadores de líderes, viajando por todo o Brasil para formar novos líderes em mais de 60 treinamentos. Servíamos ao Reino com alegria, sempre usando nossa casa e a mesa como ponto de encontro para abençoar casais e famílias.

Mas a dor chega de repente

Aquilo que imaginávamos fazer por muitos anos foi interrompido por um câncer. No auge do nosso casamento, Ronaldo, aos 37 anos, foi diagnosticado com câncer no estômago e no fígado, o que o levou à morte em onze meses, entre o diagnóstico e o tratamento.

Meu mundo parecia ter acabado. Aos 32 anos, fiquei viúva. A dor tomou conta do meu coração, pois não perdi apenas o marido, mas também o ministério que ardia profundamente em mim. Como viúva, não pude mais ministrar nem treinar casais. Quanta dor, tristeza e questionamentos com Deus. Por que comigo? Éramos tão frutíferos, Senhor! E agora? O que fazer?

Quando a dor chega e parece que nunca vai embora

Continuei trabalhando por muitos anos na Universidade da Família, até 2016. Foram onze anos de viuvez, e nesse longo período, muitas coisas aconteceram.

Diante de tanta dor, pela ausência e saudade imensa do meu marido, uma dor que rasgava o peito e a impossibilidade de continuar ministrando casais machucavam-me profundamente.

Durante alguns anos, testemunhei nas conferências da Universidade em diversos estados do Brasil, falando sobre a importância da aliança e o valor do casamento. Apesar da dor, continuei servindo ao Senhor. Nesse longo período de viuvez, chorei muito, sofri intensamente, perdi peso, fiz terapia e tomei remédios para ansiedade por um curto período.

Quando Deus multiplica seus talentos em meio à dor

A dor da solidão levou-me a ajudar colegas com a organização de chás de cozinha e panela. Nesse processo, descobri um talento adormecido para decoração. Criei mesas lindas em meio às lágrimas, e logo surgiram festas infantis, casamentos e as primeiras mesas postas. Deus foi maravilhoso, despertando um dom que me trouxe significado e, assim, tornei-me decoradora, ocupava-me e acabava tirando o foco da dor.

Durante a viuvez, eu e minha mãe, ambas viúvas, comíamos juntas todos os dias. A mesa proporcionava-nos comunhão, alegria e, por vezes, lágrimas. Embora ainda não compreendesse a importância do "Pão da presença", Jesus estava presente, confortando-nos.

Deus que surpreende em meio à dor

Em março de 2015, minha mãe, Santina, faleceu, e eu me vi sozinha, apenas com Deus. A dor da perda foi profunda, pois éramos muito próximas e ligadas. Em outubro, conheci Gledson, um homem cristão que também havia perdido a esposa durante o parto de uma gestação gemelar. A história dele ganhou notoriedade ao ser exibida no programa de televisão Fantástico, sendo a abertura no Dia dos Pais de 2015. Em 2012, eu havia sido apresentada a ele como a viúva do Ronaldo, e, três anos depois, sua tragédia havia viralizado nas redes sociais.

Os dois bebês de Gledson foram internados na UTI por 90 dias, e ao se recuperarem, passaram a receber cuidados em casa, uma internação hospitalar, *home care*, com enfermeiras 24 horas e equipe da saúde.

Em uma noite, enquanto navegava pela internet, vi suas postagens sobre as crianças e o contatei no Facebook. Nossas conversas tornaram-se frequentes, e Gledson procurou-me para entender mais sobre a vida de um viúvo. Com o tempo, nossas conversas revelaram que compartilhávamos profecias em comum em nossas vidas. Decidimos orar e jejuar, e em abril de 2016, estávamos casados. Após onze anos de viuvez, ganhei um marido e dois filhos, incluindo Samuel, o filho da promessa, anunciada a mim e a sua falecida esposa em tempos muitos diferentes.

Durante nossa jornada, conheci Malu, uma menina que precisava de cuidados especiais, e Samuel, que estava na UTI. Fui impactada pela realidade que vi ali, mas mantivemos nosso propósito de oração. Colocamos em nossa lista de oração o desejo de que Deus gerasse maternidade em meu coração, pois ser mãe de duas crianças, especialmente com necessidades especiais, era um grande desafio.

Mesa que cura e traz alegria

A primeira mesa de Natal da nossa história foi cheia de emoções. Em dezembro de 2015, após 90 dias de internação, seria o primeiro Natal da nova família. Todos estavam tristes, mas decidi preparar uma linda mesa de Natal, transformando aquele momento triste em alegria. A mesa trouxe conexão e leveza, com risos e esperança, mesmo entre lágrimas.

Em abril de 2016, nós nos casamos. Um mês depois, Samuel, nosso filho da promessa, faleceu aos 11 meses de idade. Sofremos juntos a dor da perda, mas Deus nos deu graça. Em outubro do mesmo ano, deixei meu emprego para me dedicar à família e cuidar de Gledson, e de nossa filha Malu, que necessitava de cuidados diários, pois tínhamos uma UTI em casa.

Nossos momentos de descompressão eram em torno da mesa. Gledson começou a aprender a cozinhar e montar a mesa, e passamos a receber amigos em casa, criando mesas bonitas, cheias de amor e afeto que encantavam nossos convidados e familiares.

Deus me presenteou com uma mentoria linda chamada Experiência do Lar

Participei de uma turma da Experiência do Lar em 2020, e essa mentoria foi a cereja do bolo em minha vida. Desde então, minha vida mudou completamente, foi amor à primeira vista.

A Experiência do Lar solidificou meu dom de decorar mesas e ambientes, algo que já havia despertado no luto com meu primeiro marido. Fiquei apaixonada e ansiosa para iniciar um grupo, mas a pandemia da covid-19 adiou meus planos. Devido à internação domiciliar da nossa filha Malu, esperei para realizar a mentoria presencial, sempre priorizando a segurança dela.

Como diz a Palavra de Deus: "As pessoas podem fazer seus planos, porém é o Senhor Deus quem dá a última palavra" (Provérbios 16:1-3). A bondade de Deus nos surpreende; Ele faz infinitamente mais do que pedimos ou pensamos.

Em vez de ministrar um grupo, participei da mentoria com Devi Titus em outubro de 2021. Foram 15 encontros preciosos, em que aprendi muito com essa mulher extraordinária, que deixou um legado lindo. Foi nessa mentoria que conheci virtualmente Giselda Satler, que se tornou uma amiga e mentora.

Tive também a oportunidade de participar de duas conferências em São Paulo, conhecendo Devi Titus pessoalmente. Mesmo doente, ela falava de Jesus com um brilho nos olhos. Dois meses depois, em dezembro, ela faleceu, deixando um vazio profundo. Uma grande perda, parecida como se tivéssemos perdido alguém de nossa família. Devi Titus impactou muitas famílias por meio da mesa, e sua filha, Trina Lozano, continua esse legado, o que me alegra muito.

Uma jornada linda chamada "mesa"

Com o fim da pandemia, comecei minha primeira turma da Experiência do Lar presencial, para honra e glória de Deus. Hoje estou na sexta turma, e isso tem sido um divisor de águas em minha vida. A cada turma, vejo a bondade de Deus sendo derramada na minha vida e nas mulheres que Ele traz à minha mesa.

Cada mentoria traz uma graça especial. É uma alegria doar meu tempo para esse ministério; isso não tem preço. A experiência proporciona curas, transformações e relacionamentos saudáveis.

Jesus surpreende-me a cada lição, e ao final de cada turma, meu amor por Ele e pela mesa que Ele proporciona se renovam. O **Pão da presença já era anunciado lá em Êxodo 25:30**, em que Deus instruiu Moisés a construir a primeira mesa e Ele veio para nos redimir por meio da mesa da propiciação. Como não amar a mesa depois de tudo isso?

Prepara-me uma mesa diante dos meus inimigos

Quando a vida desmorona, é na presença de Jesus à mesa que encontro forças para continuar.

Em 3 de maio de 2024, após um jantar em casa, meu marido pediu o divórcio. O choque foi imenso. Pensei: "Deus, como assim? Ministrei Casados para Sempre e lutei pelos casamentos, e agora meu próprio casamento está se despedaçando." Senti uma dor inexplicável. Eu estava no fim de uma turma da Experiência do Lar, mas continuei com a graça de Deus, sem que as alunas percebessem o que se passava em minha casa. Mesmo após o pedido de divórcio, ele continuou em casa por dois meses. Oramos e comemos juntos, mas ele estava decidido a partir, levando minha filha de coração, Maria Luiza, que eu ajudei a criar desde os 6 meses de idade.

Desde então o choro tem feito parte da minha rotina, mas intensifiquei a busca pela presença de Jesus, que tem sido refúgio e socorro bem presentes. Tenho tido momentos de oração, jejum e campanhas, não entendo a decisão dele, mas respeito.

O versículo do Salmo 23 faz muito sentido: "Preparas uma mesa na presença dos meus inimigos." O inimigo agora é o divórcio e o abandono, mas Deus tem enxugado minhas lágrimas. Embora seja difícil, creio que a alegria virá pela manhã, pois Deus é fiel.

Hoje, minha mesa é composta por mim e Jesus, meu convidado de honra. Cada refeição me lembra que Ele está comigo, consolando-me. Descansar em Deus exige fé e coragem, e mesmo sem garantias, confio que o propósito será grandioso. Ele tem sido meu marido e me dado esperança para prosseguir e continuar a marchar, pois ele prometeu que estaria comigo todos os dias.

Aos que atravessam desertos, lembrem-se: o deserto é apenas uma passagem. Deus é fiel nas montanhas e nos vales. Ele nos forja, nos tornando mais parecidos com Jesus, nosso Pastor. Assim sigo confiando no meu bom pastor, aquele que refrigera a minha alma.

"Eis que estou convosco todos os dias, até o fim dos tempos" (Mateus 28:20). Sigo crendo e esperando no Senhor, sei que toda espera tem um propósito. Hoje, com cicatrizes que me tornam mais forte, estou determinada a compartilhar essa jornada com outras mulheres que também enfrentam seus próprios vales.

"Quando a vida desmorona, é na presença de Jesus à mesa que encontro força para continuar."

Sueli Gomes

VALÉRIA BETTCHER

Valéria S. M. Bettcher, casada com Walace Bettcher, empresários no ramo de marmoraria, casados há 17 anos e há 24 anos juntos, temos dois lindos filhos: João Lucas e Maria Clara Bettcher.

valeriabettcher

amesacom_ele

valeriabettcher@hotmail.com

amesacomele@hotmail.com

FAMÍLIA
conectada à mesa

31 À mesa com Ele

Por Valéria Bettcher

A construção da conexão

Aos 6 anos meus pais se separam, mamãe, eu e meu irmão mais velho passamos por momentos difíceis, mas o Pão da presença fazia-se presente em nossa mesa. Com muita luta, minha mãe conseguiu construir sua própria casa e, com uma mesa simples, pratos e talheres que não combinavam, alguns itens eram os que ganhávamos das patroas dela, mas algo que aprendi e levo para a vida é que, no pouco ou no muito, seja fiel. "Muito bem, servo bom e fiel; foste fiel no pouco, sobre o muito te colocarei" (Mateus 25:21 – ARA).

Com o passar do tempo, mamãe começou a comprar seus itens de mesa, ainda com pouco dinheiro, mas ela sempre foi cuidadosa e sempre comprava uma coisinha ou outra. Até que mamãe comprou de segunda mão uma mesa, ainda que pequena, mas era linda para nós. A mesa media 120cm x 70cm, mas parecia que ela tinha uns três metros, por que ali sempre havia fartura não só de comida, ali era uma mesa farta da presença dEle.

Naquela mesa sempre havia um café quentinho e bolinho de chuva, toda tarde eu chegava da escola e tinha gente na mesa de mamãe, eram vizinhos, tios, netinhos, amigos do meu irmão que chegavam a qualquer hora e mamãe logo perguntava se estavam com fome e sempre levava para mesa. A mesa dela era mesa dos encontros, a sala de mamãe até hoje é somente lugar de passagem, todos que chegam vão para a mesa.

Naquela época, eu muito nova, não entendia o porquê de sempre ter gente ao redor da mesa, só sei que eu amava aqueles momentos que relembro com gratidão no meu coração.

A conexão foi criada

Até que cheguei na fase da adolescência e percebi algo naquela mesa, na mesa com mamãe, nas nossas refeições, eu nunca conseguia esconder nada dela. Sabe quando você fala assim: "Esse segredo vai morrer comigo!". Já aconteceu isso com você, essa convicção? Então, mas na mesa de mamãe não tinha como esconder nada, e olha que ela não era aquela mãe que forçava a barra para contar como foi na escola. A mesa dela era diferente, havia algo ali que, quando eu via, já tinha contado os meus segredos, segredos de amigas e tudo mais.

Mamãe, mesmo sem saber, havia criado uma conexão ao redor da mesa comigo. Quando nos assentamos à mesa com Ele, todas as máscaras caem, verdades vem à tona e não há nada que esteja escondido que não seja revelado.

Construindo a nossa conexão

Com o passar dos anos, cresci, construí uma família consolidada, vieram os filhos e sempre tivemos o hábito de sentarmos à mesa, sempre amei praticar mesa posta, arrumar a mesa com louças, taças, jogos americanos. Agora lhe pergunto: taças, louças, talheres e americanos. Isso realmente importa?

Vamos lá ver o que o Senhor diz sobre isso.

"Faça de ouro puro os seus pratos e o recipiente para incenso, as suas tigelas e as bacias nas quais se derramam as ofertas de bebidas. Coloque sobre a mesa os pães da presença, para que estejam sempre diante de mim" (Êxodo 25:29-30 – NAA). Bom, pela palavra de Deus vemos que o nosso Pai é um Pai de ordem, zelo e gosta de uma bela mesa. Tanto é que Ele nos promete um banquete no Céu.

"E eu confio a vocês um Reino, assim como o meu Pai confiou a mim, para que comam e bebam à minha mesa no meu Reino [...]" (Lucas 22:29-30 – NAA).

Eu costumo dizer que: quando eu chegar no Céu, o Senhor vai me receber com uma linda mesa posta, com muitas flores, taças.

Agora vamos lá. Uma bela mesa bem arrumada com itens bem dispostos é importante, porém, não é necessário para o Pão da presença fazer-se presente na mesa, afinal, estar à mesa com Ele é além de belas louças e tudo mais. Existem mesas lindas e maravilhosas em que o Pão da presença não se faz presente. O Senhor quer a sua entrega, e para Ele entregamos o melhor na mesa, o nosso coração, a nossa família ao redor dela.

À mesa com Ele

Tudo estava indo muito bem, quando de repente, veio a pandemia em dezembro de 2019, todos trancados dentro dos seus lares, sem escola, igrejas, sem vida social.

Foi quando eu senti a necessidade de me aprofundar na Palavra de Deus, comecei entregando a primeira hora do meu dia ao Senhor para leitura da Palavra, meditação, oração. Faço isso todos os dias, às 5h da manhã estou à mesa com Ele.

Esse foi o pontapé inicial para compreender o poder que estava sobre a mesa, até então eu não tinha noção do poder que a mesa tem, para mim na época, era apenas uma paixão de infância que estava levando para minha família, nunca tinha me aprofundado nesse assunto, no que a palavra de Deus diz sobre a mesa. Assim, foi então que tudo começou, comecei a comprar livros que falam sobre mesa posta, do poder que se encontra na mesa, então uma chave virou dentro de mim esses momentos foi e, é um divisor de águas na minha vida.

Ali o Senhor começou a revelar os desejos que Ele tem para minha vida e minha família, ali na mesa com Ele, comecei a entender o propósito por trás da mesa posta. Comecei a perceber também que o nosso Pai é intencional, porque no ritmo que a pandemia crescia eu via um movimento de mesa posta crescendo. Sim, havia algo por trás de tudo isso.

Comecei a ser mais intencional na mesa, coloquei regras, nada de tv ligada, nada de celular na mesa, única conexão que estará ligada aqui é a nossa. Bom, como já tínhamos esse hábito não foi difícil construir outros.

Conexão criada com sucesso

Assim como naquela época de criança eu não compreendia o porquê, eu não conseguia esconder nada da minha mãe na mesa. Comecei a me ver nos meus filhos, hoje o João de 11 anos e a Maria de 6 anos estudam de manhã, então quando eu vou buscá-los na escola, sempre pergunto: "E aí, como foi na escola?". Eles dizem: "Bem". Às vezes, falam algo simples que aconteceu no recreio e vamos para casa, eles chegam, tomam banho enquanto eu arrumo a mesa para o almoço. Mas quando nos assentamos à mesa, damos as mãos, agradecemos a Deus pelo alimento, ali começa um mover.

O João, que já é pré-adolescente, começa a falar o que no carro ele disse que não havia acontecido nada demais, mas sempre há algo, e gosto de ouvir. A Maria começa também a falar, muitas vezes coisas sem sentido, mas ela quer participar também e mostrar que ela também tem assuntos interessantes, acho isso uma graça e ouço com maior empolgação.

É assim em todas as refeições, sempre temos assuntos, quando eu vejo isso, fico admirada do poder que a mesa tem na vida de uma família, o poder de revelar aquilo que está escondido.

Que mistério é esse que está na mesa, que dela não conseguimos esconder nada? Eu descobri, depois de adulta, e vou deixar aqui uma reflexão para você se aprofundar depois.

"E aconteceu que, quando estavam à mesa, ele pegou o pão e o abençoou; depois, partiu o pão e o deu a eles. Então os olhos deles se abriram, e eles reconheceram Jesus [...]". (Lucas 24:30-31 – NAA).

Quando estamos à mesa com Ele, assim como foi com os discípulos de Jesus, os nossos olhos, que são a janela do coração se abrem, e ali não há nada que possa ficar encoberto, ali conexões são criadas, corações são restaurados e famílias são fortalecidas com o Pão da presença.

O Senhor não construiu a mesa por acaso. Ele sabe o poder que a mesa tem no lar, não é apenas uma mobília decorativa, ela tem uma importância real e poderosa que transforma lares.

Hoje, mais do que nunca, precisamos estar à mesa com Ele, estamos numa velocidade muito rápida, onde não ouvimos mais, não olhamos nos olhos dos outros, sempre estamos com pressa e quando chegamos em casa, logo queremos relaxar no celular. A nossa geração não quer mais ficar dentro dos seus lares e curtir uma boa refeição, não, os *fast-food* estão para "facilitar" a vida de uma família acelerada demais para preparar uma refeição.

A memória afetiva que levo da minha infância são os bolinhos de chuva da minha mãe. As que os meus filhos vão levar são os bolos que perfumam a casa e os momentos que adoramos a Deus ao redor da mesa.

Quais são as memórias afetivas que você tem criado para a sua família? Será que vale à pena viver tão acelerado ao ponto de comer comida processada do que servir uma refeição de verdade? O que sua família vai lembrar de você?

Aqui em casa temos muitos momentos à mesa com Ele, sempre que temos um tempo a mais na mesa aproveitamos para louvar o Senhor. O João sempre toca algum louvor no violão e adoramos o Senhor ali ao redor da mesa, nesses momentos sentimos o Céu baixinho e nos alimentamos do Pão da presença, que é real, oramos e fazemos a leitura da palavra de Deus e nesse meio tempo da leitura sempre surgem dúvidas.

Bom, isso já é rotina aqui para nós, mas nem sempre foi tranquilo assim. Quando a Maria Clara tinha uns 3 anos, ela não parava quieta à mesa, comprei uma Bíblia para ela, para que todos estivessem com a Bíblia aberta na hora, mas a Maria escorregava da mesa. Mesmo assim, continuávamos, comecei a levar folhas, canetinhas para mesa para conseguir entretê-la. Até que enfim consegui, mesmo quando ela não sabia ler, ainda continuava quieta na mesa ouvindo, cantando, orando.

O que cabe a nós fazermos, deve ser feito, do resto o Espírito Santo se encarrega. A conexão fortalecida resiste a tempestades.

Mamãe e papai, não negligenciem a mesa na vida dos seus filhos, coloquem a mesa, mesmo que cansados, mas arrumem a mesa, mesmo que seu cônjuge não tenha o hábito de se assentar à mesa, faça para você. A palavra de Deus diz assim: "Eis que estou à porta e bato; se alguém ouvir a minha voz e abrir a porta, entrarei em sua casa e cearei com ele, e ele, comigo." (Apocalipse 3:20 – NAA).

É promessa do Senhor, você nunca estará sozinho(a) na mesa, você sempre estará com Ele.

Comece agora mesmo, se estiver à noite fazendo a leitura deste capítulo, desafio você a se levantar e já deixar preparada a mesa para o café da manhã. Quando todos acordarem, entenderão que ali tem uma mãe, esposa posicionada na missão que foi a ela confiada.

Nunca é tarde para novos hábitos, comece pela mesa e você viverá o sobrenatural na sua família.

"À mesa com Ele é lugar onde as palavras geram vidas, corações são restaurados e a intimidade é fortalecida."

Valéria Bettcher

EDITORA
CHAVE MESTRA®

Instagram: @editorachavemestra

E-mail: editora@editorachavemestra.com.br

Site: www.editorachavemestra.com.br